Money錢

Money錢

做自己的
心理治療師

超過25種療癒技術
擺脫情緒內耗，提升自我認同

PAPERBACK THERAPY

Therapist-approved tools and advice for mastering your mental health

塔米·米勒
Tammi Miller —— 著

內容警告

本書包含自殺、創傷和精神疾病相關主題。若你需要緊急協助，請參考書末附錄或撥打 1995 生命線協助專線。

免責聲明

心理疾病的診斷和治療需要經過訓練、合格的心理健康從業人員。本書所包含的資訊僅用於教育目的，不得當作診斷或評估工具，或替代任何心理疾病的專業診斷和（或）治療。

為保護當事人隱私，本書中的一些人名、地點和個人特徵已經過變更。

目錄 ———

Chapter 1

心理治療師登場

引言

　　我是專業心理治療師（therapist），與各行各業及社會各階層客戶合作，透過一對一療程幫助他們改善身心健康。我們致力於實現特定目標，並協助客戶完成下列事項：擺脫困境、調節妨礙日常生活的沉重情緒、克服不良習慣，或者幫助他們解決其他問題。一般來說，我的目標是提高客戶的自尊心，讓他們勇敢面對生活和逆境。

　　我自己也會為了上述問題求助心理治療師，讓他們幫助我快樂起來。有時候，我的心理健康狀況良好，自覺沒

有必要就診。其他時候，我巴不得心理治療師早點問我：
「你今天想談什麼？」

　　當情緒干擾我們的生活和工作能力，尋求專業人士協助絕對值得，他們可以幫助我們找到導致情緒干擾的問題。然而，當我們深陷其中時，僅僅是尋找心理健康專業人士和預約治療，都可能讓人備覺困難，彷彿一座高山橫亙在面前。

　　也許這就是你拿起這本書的原因，你覺得生活有點難熬，但還沒準備好要坐上心理治療師的診療椅。也許你情緒低落已有一段時間，平常可以提振精神的那些活動都已失去作用。或者，你最近被不可抗力的因素影響，日子很不好過，比如痛失寵物或摯愛、確診某種疾病、戀情結束或工作壓力龐大。又或者，你是非常注重心理健康的人，平時會定期去看心理治療師，但希望在治療以外的時間也能保持良好狀態。

　　心理治療對不同的人有不同意義，能否獲得心理健康協助也取決於個人情況。世上沒有萬用療法，但心理治療的終極目標幾乎一致，也就是改善我們的心理健康。

　　當然，人不一定能獲得所需的幫助。澳洲的心理治療費用相當昂貴，如果你想要長期接受治療，費用往往高得嚇人。根據專業人士建議，每週就診一次是最理想的選

擇。在澳洲，一次 50 分鐘治療平均起跳價為 100 澳元*，而且可能超過 300 澳元[1]，這還是在澳洲政府「心理治療補貼」（Better Access）方案中獲得退稅補貼才能享有的優惠價。[2]

我曾在談話中多次聽到人們抱怨，現行心理治療收費結構讓很多澳洲人無法順利接受治療。當我們對於值不值得去看心理治療師心存疑慮時，往往也在質疑自己能不能為了「獲取療效」而付出一大筆錢。

根據經驗，一個人至少需要接受 6 次治療才能看到真正的進步，而持續不間斷的治療則是讓人備覺受益的最佳方式。但是，當前心理健康狀況所需付出的代價與求助心理治療師的費用孰高孰低，我們必須在兩者之間仔細權衡，結果往往是基於過去而不是現在的需要做出決定。我們會想：「以前我就有過這種糟糕的感覺，但後來克服了，希望這次我也能快快好起來。」有這種心態也是人之常情，畢竟要拿出一大筆錢接受治療，對任何人來說都難以承受，尤其是在物價高漲的年代。

然而，上一次覺得可以靠自己的本事挺過去，並不意味著這次也有相同結果。心理健康出狀況時，我們往往只

＊譯註：翻譯時澳幣對台幣匯率約為 1：20。

想看緊荷包，不願意尋求專業協助，最後損失的不僅是生計，還有自己的生命。

　　花錢找心理治療師治療**絕對**值得，以下仔細說明原因。在澳洲，想要成為諮商心理師（counsellor），至少需要接受 2 年全日制學程教育，而心理學學位至少需要接受 4 年全日制學程教育。畢業後，大多數心理治療師會選擇一個或多個專業領域，如身體形象障礙 *、情緒障礙或人際關係，並在這些領域繼續深入學習，以便將來盡可能為客戶解決問題。此外，心理治療師每年還需接受一定時數的臨床專業培訓，並且定期與擔任教師或顧問的資深同行開會並接受指導。由此看來，要成為合格心理治療師需要投注大量心力和時間。

　　澳洲醫療系統定期治療的收費結構對大多數當地人來說往往過於昂貴，幫助我們緩解焦慮的治療卻導致我們對金錢感到焦慮，這是不是很諷刺？

　　除了費用，還有另一個問題，亦即有些人將求助心理治療師與丟臉劃上等號。對許多人來說，求助心理治療師不過是在某個階段遇到危機的解方，原本好好的人哪天忽然覺得不對勁，才會急著向朋友和「Google 萬事通」打

---

* 譯註：每個人對自己的外貌和體型都有一些正面或負面的看法，以及據此衍生的感受，若看法與感受皆為負面，則意味著個體不接受或不滿意自己的外貌和體型。

聽「附近的諮商心理師」。

　　不過，也有一些人將心理治療視為一種定期保養與維護，這種觀念經常反映在電視劇的權貴身上。事實上，從前的人習慣將此事視為丟臉和恥辱，在 1990 年代末期和 21 世紀初期的流行文化中，尋求心理治療的人被稱為「瘋子」，如美國影集《天才保姆》（*The Nanny*）、《歡樂一家親》（*Frasier*）或《醫診情緣》（*Private Practice*）。如今，劇中人物對於向心理治療師求助感到自豪，這個情形從近年的影視劇便可見端倪，比如《異類》（*Atypical*）主角山姆和心理治療師茉莉亞之間的關係，或者莎莉・魯尼（Sally Rooney）作品《正常人》（*Normal People*）翻拍劇集裡的康諾，因憂鬱症向心理治療師吉莉安求助。

　　在這些影集中，療程被描繪為一種舒緩痛苦的方法，當這些角色意識到有人跟自己站在同一陣線，願意幫助他們度過艱難時刻，他們不禁大大鬆了口氣。山姆、康諾與現今流行文化中眾多角色積極尋求心理治療，這樣的設定使得大眾更願意接受治療，甚至覺得這個方法有些吸引人。

　　不可否認，相較於 10 年前，現在的澳洲人可以開誠布公地談論自身心理健康狀況，奧舍・古斯伯格（Osher Günsberg）、莎拉・威爾遜（Sarah Wilson）、梅麗莎・梁（Melissa Leong）、傑辛塔（Jesinta）和蘭斯・「巴迪」・

富蘭克林（Lance 'Buddy' Franklin）、佐伊‧馬歇爾（Zoe Marshall）以及艾比‧查特菲爾德（Abbie Chatfield）等眾多名人都曾在媒體公開討論心路歷程。多虧了他們大方分享自身經歷，大家越能意識到自己不孤單，就越能一起合作，共同學習。

雖然心理健康相關討論越來越多，但在澳洲，向心理治療師求助仍然被視為一種恥辱，坦白說這實在沒有道理。根據估計，每 5 個澳洲人就有 1 人正面臨某種心理健康問題，需要協助的人也在持續增加中，因此諮商心理師和心理學家在澳洲社會扮演極為重要的角色，我非常尊敬他們。但是，當你真的無法就醫，還有什麼是你可以做的？

僅僅是拿起這本書並開始翻閱，你便已朝著更健康的心理狀態跨出第一步。以我個人為例，我也曾朝著相同方向邁出步伐。歷經數十年苦苦掙扎後，我終於決定尋求治療，並開始「了解自己」。我知道，定期就醫能幫助我調節情緒，當不利情況出現時，我不僅更有能力應付，也更能明白這些情緒背後的「原因」。

接受治療為我帶來深遠影響，我遍覽心理學書籍，了解人們為什麼會有某種情緒，最後我自己也接受培訓，成為心理治療師。我希望將所學傳授他人，讓大家在心情沮

喪時好過一點。

這也是本書問世的目標。

我知道不是每個人都能接受專業心理治療，因此我希望寫一本書，彌補「完全沒有得到心理健康協助」與我為客戶提供的「一對一專業支持」之間的鴻溝。我多麼盼望當年陷入掙扎時，有這樣一本書提供協助，也盼望它能符合需求，每當沮喪失落時，我可以參考這本書，或者朋友出現相同情緒困擾時，我可以把這本書送給他們。

本書不能代替正規治療。我一開始是接受心理治療的客戶，後來成為完整培訓並領有正式執照的執業諮商心理師。我的目標是提供平價工具，以便你在資金不充裕、無法接受心理治療師的診間療程，或處於兩次療程之間的空窗期等，幫助你度過心理健康不佳的時刻。本書首先闡明治療原理，接著協助讀者的情緒波動回復正常，去除丟臉和恥辱的感覺。此外，也讓讀者以更合理價格獲取心理治療師的專業見解。為了協助客戶重拾快樂、健康的生活，我的療程包含許多祕訣和技巧，本書也會逐一收錄。

我相信，讓更多人運用心理健康專家在診間採用的技巧，以及奠基於多年臨床經驗的心理健康關鍵療法，才會有好的結果。你將透過本書了解心理治療的基本原理、如何控管情緒，以及如何建立良好人際關係。你也會學到專

業心理諮商的基礎理論，透過實用練習培養洞察力，助你度過人生中的低潮。

　　如果這聽起來像有很多功課要做，不用擔心！你可以按照自己的節奏進行。我不希望你被心理治療的專業術語困住，因此本書特意以簡單明瞭的方式撰寫，讓你的心理健康之旅盡可能順暢無阻。本書並未深入每個專業層面、每種心理疾病或全方位的心理健康，真要這樣會寫不完，而且療程也屬於個人經驗，不一定適用在別人身上。本書著重在將我最重要的技巧和最佳建議整合為易於理解的資源，因為治療不應該讓人望之卻步，而應易於獲取。

如何使用本書

　　我在書中分享了一系列自己最愛用的簡易練習，幫助你解決思想、情感和行為問題，每種方法都是為了提升你的情緒調節和自我理解能力，讓你的心情不再暴起暴落。

　　這些方法旨在啟發你思考，提升當下的心情，讓你覺得還有轉圜的餘地。經常使用它們可以幫助你打造一套個人專用技能（你能採取哪些行動）、心態（對於想要採取的行動有何感受）和工具包（可以運用的祕訣和技巧）。

　　你可以將各個練習的回答直接寫在書上，也可以在我的網站 www.baretherapy.com.au 下載練習，反覆使用。

如果你想了解自己每個階段的成長歷程，這會是很好的做法。（何不試試在每年開始時做第 5 章的「人生之輪」練習，看看你的生活圈如何擴展？）

有時，我還會請你確認自己的情況，為自尊心打分數，1 分表示「我恨自己」，10 分表示「我愛自己」，以便認清情緒的變化趨勢，而這也是本書的宗旨。哪些章節的主題會觸動你的情緒？哪些又對你具有啟發性？當你在書中看到某些人的故事反映自己的親身經歷，是否覺得好過一點，並意識到自己並不孤單？如果你是為了複習某些內容而重拾本書，對自己的感覺是否和第一次閱讀時不一樣？是什麼原因導致自尊上升或下降？只要能認清情緒的變化趨勢並省察對自己的感覺，我們便已朝著培養健康心理狀態跨出第一步。

這些自我省察的提醒不多，但非常重要。它們促使你觀察內心，更加關注自己的感受。因為我們越了解自己的感受，就越能正面積極地影響它們。

以上是簡單扼要的說明，那麼我們現在就開始吧。

自尊心評估表
☹ 2 3 4 5 6 7 8 9 ☺

「要怎麼收穫先怎麼栽」是人生多數時候的寫照，本書也適用這個道理，你對書中內容投注多少心力，就會得到多少收穫。這意味著使用本書時，你要赤裸裸、脆弱而真實地面對感受，也就意味著要「了解自己」，這是這個行業經常出現的術語。

　　「了解自己」也就是對自己的想法、感受和行為保持好奇心，不管是在療程當下和之間的空窗期都要如此。你要將本書視為在診間接受執業諮商心理師的治療。當你在最愛的扶手椅或舒適的角落裡坐下並翻開書頁，請拋開所有偽裝和防備。這是安全的空間，一個心聲被傾聽、心靈被療癒的地方。

　　從封面直到封底，你在兩者之間寫下的任何內容都是自己的，而且專屬於你一個人。為了確保隱私，心理治療師通常會將客戶的記錄編碼，保存在加密檔案或上鎖的櫃子。如果這樣做能讓你更安心，那就找一個地方妥善存放本書，確保只有自己看得到。可以放在床底下、書架上的盒子當中，或是隨身攜帶的手提包裡。

　　無論你把它放在哪裡，只要能在需要時可以立即取用就行了；當思緒開始漫無目的地遊走，不管是有益還是有害，你都可以立刻拿起本書翻閱。

　　為了盡可能利用本書，我建議你做到下列事項：

- 閱讀時用螢光筆和鉛筆標注。如果你對某個內容有共鳴，覺得「嘿，這很像我」或「欸，這很像我認識的某個人」，就把它標出來。

- 在本書空白處和後面的「思緒的安全空間」單元寫下你的感受和心得。定期回來察看並問自己：「我對它有什麼感覺？」以及「我為什麼會有這種感覺？」每次重讀都用鉛筆或不同顏色的筆註記，這樣就能看到自己在各個階段的成長。

- 不要用批判眼光看待自己和內心感受。在本書的封面和封底之間，所有感覺都有理由存在。也許你現在不知道某個感覺意味著什麼，但總有一天會明白。

- 放鬆。無法一口氣讀完本書也不必擔心，人腦雖具有可塑性，也不至於說改就改。如果你因為自覺好多了，或有其他更重要的事需要處理，因而暫時停止閱讀，那也無妨！你對自己的了解不會因此就遺忘，也不會回到以前的狀態。

- 以平常心看待本書，就像提到上健身房、上班或上學一樣。把閱讀本書當做日常事務的一部分，以及成為更好的「你」的必要階段，為此感到自豪。

- 與親友分享你在本書中學到的知識。我們和他人越常談論心理健康，對大家來說好處越多。

- 如果你覺得需要立即尋求協助，請直接翻到第 17 章的〈尋求專業協助〉單元，獲取相關資訊。
- 盡量蹂躪本書：讓宣洩情緒的淚水弄髒它，在頁面上盡情揮灑反覆出現的想法。每次去公園進行自我治療前，把它扔進背包，壓到或折到都無妨。本書是為了讓你參考、摺角和磨損，你可以盡情蹂躪它，這樣一來，你就不需要蹂躪自己了。

聽起來如何？你準備好開始做自己的心理治療師了嗎？

第一部分

心理健康入門

Mental Health 101

Chapter 2

為什麼我覺得心情壞透了？

你的心理健康與外在世界的關係

我們可以遵循所有指引，盡力維護心理健康，但誰都難免被外力打倒，往日心血付諸東流。這種情況非常糟糕，我們會覺得之前所有努力都不值得，心裡納悶「為什麼是我？」還會覺得這個世界並不公平。

這種時候不妨回歸基本面，思考一下馬斯洛（Maslow）的需求層次理論（Hierarchy of Needs），這是心理學的激勵理論，包括人類需求的 5 個層次模型。[1]

這個模型的最底層是**基本需求**（「生理需求」和「安

全需求」），我們必須先滿足二者，才能進入金字塔上一層。**心理需求**（「社會需求」和「尊重需求」）對心理健康影響最大，祕訣在於省察內心以衡量二者是否得到滿足，而不是依賴外界的驗證。最上層的「自我實現」是一種**自我實現需求**（self-fulfilment need），也被稱為「成長需求」，換句話說，它意味著追求成長和個人發展可以帶來滿足感、目的感、意義感和自我接納感。

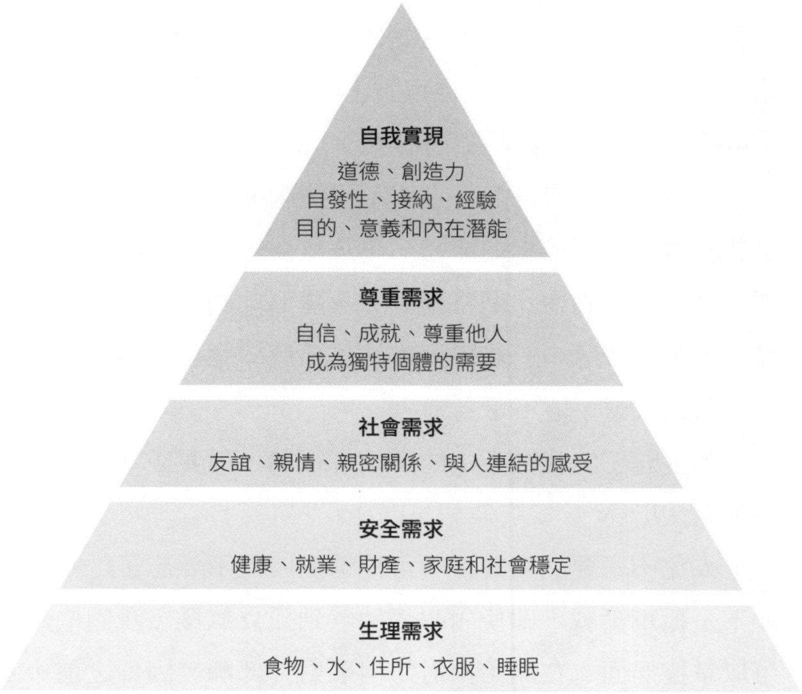

自我實現
道德、創造力
自發性、接納、經驗
目的、意義和內在潛能

尊重需求
自信、成就、尊重他人
成為獨特個體的需要

社會需求
友誼、親情、親密關係、與人連結的感受

安全需求
健康、就業、財產、家庭和社會穩定

生理需求
食物、水、住所、衣服、睡眠

圖 2-1 馬斯洛需求層次理論

人類與動物的差異在於我們有想像力或對未來充滿希望。因此，雖然這 5 個柱狀結構被列為「需求」，也可以將其視為動力。馬斯洛一度認為，我們必須首先滿足金字塔底層的需求，然後才能往上層攀登；現代心理治療師則認為，人在攀登這座金字塔的過程中，各種需求並非嚴格區分開來，而是相互重疊。例如，有些人既追求安全與保障，同時也努力實現自尊。

如果僅注重馬斯洛金字塔的高層，完全忽略底層，我們就會感到不穩定，就像實際建造一座金字塔，一旦順序錯了，它勢必搖搖欲墜。從根本上說，除非滿足基本需求，否則我們無法順利滿足更高層次而複雜的需求。

不幸的是，有許多外在或不可控因素會影響我們實現這些基本和心理需求的能力，舉凡氣候變化、生活成本上漲、全球政治動盪、網路霸凌、身體形象期望、傳染病隔離、職業比較等……許多人或許早已疲於應付這些因素帶來的負面效應，這不足為奇。

不要忘了，我們手上的牌或許很爛，但要慶幸自己還沒被淘汰出局。

人免不了要面對許多不可控情況，但不要忘了，我們並不是孤軍奮戰，即使內心依然感到孤立無援，我們依然可以掌控局面。在開始探討如何應對外部觸發因素之前，

不妨先看看現代人最常面臨哪些觸發因素。

> 疫情期間，我處於非戰即逃狀態，其實我別無選擇，非得挺身戰鬥不可，因為我照顧的人都很依賴我。在這樣艱困的時期，我的各種工作依然必須維持相同產能，這對我來說是最不利的情況。身為員工的職場如此，身為妻子和母親的家庭亦如此。以往我可以透過一些活動紓解壓力並充電，比如獨自去城裡吃午餐或逛博物館，偶爾與朋友促膝長談，或者享受上山下海的寧靜時光，這些在疫情期間都不能再做了。
>
> 家人原本可以提供實質協助，母親會幫我照顧孩子，也經常在我工作繁忙時送飯。疫情期間我失去這些協助，再加上伴侶工作忙碌而無暇顧及家庭，我失去了緩解壓力的活動，也無法獲得靜下心來好好沉思的時間，這原本是我正常工作及生活不可或缺的要素。
>
> 凱薩琳，38 歲
> 新南威爾斯州雪梨市

外部觸發因素

觸發因素是一種突然引發情緒反應的假想地雷，有些人知道自己的地雷在哪裡，有些人不知道，直到某天他們猝不及防地踩雷。不安、恐懼甚至身體不適等等，都有可能是情緒受到觸發所導致的產物。以下是現今比較常見的

情緒觸發因素，當你閱讀時不妨想一想，有哪些可能會影響你的心理健康。

1. 健康與福祉：首先談談顯而易見的一點，沒有人會料到新冠肺炎對澳洲人（乃至全世界）造成如此嚴重的影響。我們的健康似乎突然受到威脅，各州之間停止通行，家人和朋友不久也被迫待在室內。由於禁止外出，室內擠滿了人，連平日非常重要的「第三空間」也遭到剝奪，我們再也不能搭公車上班或開車去參加家庭燒烤聚會，原本這些放空時間有助於我們進行自我調節。

在身心都與外界隔絕的情況下，最脆弱的族群遭受了最嚴重的傷害，而醫護人員則拚命保護我們的安全，說他們拚命一點也不為過，當時網路上流傳許多醫護人員被口罩勒出血痕的照片（在此深深感謝他們！）病毒在一些確診患者身上留下長期後遺症，包括疲勞、呼吸困難、胸痛、肌肉酸痛、憂鬱、焦慮等[2]，其他影響目前尚不清楚。

新冠肺炎依然持續擾亂我們的生活，除了傳染病帶來的威脅，一些人可能也面臨慢性健康問題。雖然關於子宮內膜異位症、經血過多、糖尿病和注意力不足／過動症（ADHD）（銀髮族的後者確診比率也逐漸上升）等慢性病的討論越來越多，但要為慢性病患找到提供照護與協助

的專業人士並非易事。不難想像，這對我們的心理健康會產生很大的影響。然而，即使是小感冒或流感也會讓我們陷入低潮！

2. **學校、工作和職業生涯**：2022 年，130 萬澳洲人換工作，230 萬人失業或離職。[3] 轉換跑道可能會影響生活其他層面，包括我們的情緒。這很合理，畢竟人多達三分之一時間都耗費在工作上，如果我們在辦公室不開心，在家裡也可能不開心。

那麼，為什麼工作對人有如此大的影響？這麼說吧，剛換新工作時，我們需要證明自己的能力（如果擔心遭到裁員或被年輕同事取代，也需要證明自己能勝任現職），這可能會導致我們工作量過大，最終被過度工作壓垮。

人往往認為自己需要一份有目標的職業，它為工作賦予意義，也幫助我們回饋社會。工作場所瞬息萬變，使我們無法在這四面圍牆構築的世界裡深度學習或建立友誼。

> 我從小就是個非常焦慮的人，上了大學後，壓力和焦慮變本加厲，我認為是離家和被迫自力更生造成的！我只要覺得累就會陷入焦慮和壓力中，周遭的人若是壓力過大或心情低落，我的情緒也會受到影響。
>
> 珍，24 歲
> 澳洲西部珀斯市

上技職學校或一般大學也是如此，同樣會面臨普遍的壓力、霸凌、騷擾和勾心鬥角，即使是最優秀的學生和員工也會因為害怕可能遇到的情況而不敢去上課或上班。

3. 生活成本上漲：幾年來，澳洲人的平均生活成本以前所未有的速度上漲。不僅住房和汽車等「大宗消費」價格上揚，就連食品雜貨、生活用電、保險、房租、數位服務和其他帳單等日常開支也持續增加。這意味著大家都在為「如何度過這個月」疲於奔命，無形中增加了心理負擔。

大家生平第一次接觸金錢議題都是在自家中，你可能會聽到你爸或你媽說家裡缺錢，看到他們努力維持收支平衡。或者爸媽的錢夠用，因此他們在家從來不會提到錢！人們與金錢第一次接觸的情況各不相同，這也是我們理解金錢的第一階段。

從這時開始，我們會注意周遭親友擁有或沒有什麼，好比某個朋友會去度長假或住在豪宅中，或者另一個朋友每天上學前都沒錢吃早餐。社群媒體在這方面也具有深遠影響力，那些看來奢華實則造假的貼文影響了我們對「富裕」的看法。我們找到第一份工作，開始收到薪水，需要妥善理財，而且這條理財之路說不定難走得要命！這一切都會影響我們對金錢的認知、管理和運用。

葛蘭・詹姆斯
作家及播客《我的千禧理財》（*My Millennial Money*）主持人

此外，諸如度假這種能帶來快樂的大宗消費，如今也越來越遙不可及。沒有了（原本負擔得起的）期待，只有帶來壓力的帳單堆積如山，我們納悶「這樣的生活有什麼意義？」就在對存在不斷的質疑中，我們的心理健康漸漸受到影響。

4. 氣候變化：氣候委員會（Climate Council）指出，近年來，大多數澳洲人或多或少經歷過氣候變化導致的災難，如洪水、火災、熱浪或毀滅性風暴。[4]

這些事件發生時，我們不知道自己會不會遭到波及，也不知道親友能不能安然度過。這樣的災難不僅會影響我們當下的心理健康，而且半數以上澳洲人都在擔憂氣候變化和未來可能發生的極端氣候事件。[5] 對一些人來說，這可能會讓他們的焦慮雪上加霜。

5. 比較癖（Comparisonitis）和人生里程碑：當朋友談起最近有了新伴侶，你的笑容是否有點勉強？他們在領英（LinkedIn）的升職公告是否讓你懷疑自己選錯行？他們談到週末忙著兼差時，你是否會因為自己睡懶覺、看網飛（Netflix）而感到內疚？他們在房子的「售出」標誌前拍的照片是否令你覺得沮喪？因為現在的你離買房還有十萬八千里。社群媒體那些號稱「過著最美好生活」的人，是否影響你的心情，讓你覺得自己的生活還不夠好？你並

不孤單，在社群媒體時代，有「比較癖」的人比比皆是，他們往往忍不住要拿自身成就與他人成就比較一番，只為了確認自己的生活有多「好」。

在我們為他人感到高興時，心底小劇場可能也在想，什麼時候才能輪到自己達成這些社會認同的重大里程碑，可以在畢生志願清單上打勾。在這種心態作祟下，當我們畢業、買房、結婚、買新車、懷孕、升職或達到任何重要里程碑時，我們就會淪為享樂跑步機的受害者。

> 17歲那年，我離開從小生活的家，去鄉間上大學，很快學會獨立並專心學醫。我很年輕就結婚了，比朋友都早，覺得生活過得很好。幾年後，我離婚了，全心投入工作，對失敗的婚姻感到失望。
>
> 我在世界各地生活並從事遠端工作，要找到人生伴侶和維持社交關係有點困難。儘管我周遊世界，並在事業、運動和房地產投資等各方面非常成功，但只要看到朋友在社群媒體張貼子女誕生的喜訊，這些成就在我眼中立刻變得一文不值。我滿心縈繞的只有那些尚未實現的成就，因為我一直拿「生孩子」這件事和周遭的親友比較。
>
> 如今我有了很棒的伴侶和美麗的親生女兒，我不知道自己當初為什麼要窮操心，現在想來多麼可笑！
>
> 麥斯，37歲
> 新南威爾斯州電脊鎮

享樂跑步機是心理學術語，泛指一個人永遠不會為自己的成功而高興，雖然一次又一次追求快樂，卻不曾感到幸福和滿足。什麼？我升職加薪了？很好，再來還有什麼？這樣的人面臨不可控變化時往往特別難熬，比如小學是「大個子」，上了高中卻淪為「哈比人」；或者原本是前公司的老鳥，因為換工作變成新公司的菜鳥，就連登入公用資料夾這種簡單的事都得請教實習生。

　　6. 性欲和性生活：當我們情緒低落或性欲低下時，最不想做的就是與人親密接觸。然而，性愛也是一種緩解壓力的方式，它還可以釋放快樂荷爾蒙，比如催產素（有助於產生浪漫的依戀和愛的感覺）和多巴胺（讓人感覺良好的荷爾蒙，幫助我們集中注意力、入睡，以及在日常生活中感到愉悅）。[6]

　　那麼，當我們「性」趣缺缺但又明知性愛對自己有益處，這時該怎麼辦？性生活的壓力無論來自同儕、戀人還是自己（「我應該擁有規律的性生活」），一開始或許以外部觸發的性質出現，但隨著惡性循環不斷重複，很快就會內化。

　　7. 社會與政治環境：社會與政治環境會嚴重影響人民的心理健康，它的構成要素包括政府的穩定性、與其他國家的關係、通貨膨脹率、失業率、經濟狀況等。

當我們重視的人事物受到大眾審視或攻擊時，我們的情緒最容易被挑起。

例如，當種族問題成為政治焦點，有色人種可能會特別容易出現情緒波動，好比 2020 年爆發的「黑人的命也是命」（Black Lives Matter）抗議活動；或者醫界為薪資罷工成為頭條新聞時，護理師可能會感到焦慮；當工黨（Labor Party）似乎越來越受歡迎，自由黨（Liberal Party）的忠實選民可能會不知所措。

8. 人際關係：他人做出不受歡迎或出乎意料的行為時，無論對方是家人、密友還是工作上的熟人，都會引發我們的情緒波動。無論這些行為是否刻意要讓我們苦惱，都有可能觸動我們的情緒。

例如，父母宣布離婚令你深陷憂鬱之中；在街上被陌生人上下打量，使你對自己的穿衣品味產生懷疑；公公在家庭聚會中問你何時可以抱孫子，散會後你開始覺得焦慮；你無意間聽到同事說「我討厭看《辦公室風雲》（The Office），它太蠢了！」你可能會覺得受到人身攻擊，因為它是你最喜歡的節目。

小學校園流傳一句俗語：「你覺得難吃，說不定別人覺得好吃」，鼓勵小朋友不要鄙視或批評同學喜歡的東西。這句話也應該沿用到普羅大眾身上，當我們表示自己喜歡

某樣東西，別人卻說「嗯，這我不行」，我們可能會覺得很受傷。

當人際關係走到盡頭，我們也會感到難過，不管是親人離世、與愛人分手、和最好的朋友吵架，或是因職務變動被迫和投緣的同事道別。這些人際關係網路發生的變化會影響我們看待自己的方式，心靈脆弱時很難安然度過。

9. 天氣：沒錯，即使是天氣也能成為外部觸發因素！不妨想一想，你上回莫名感到情緒低落時，天空是不是陰沉沉的？季節性情緒失調（Seasonal affective disorder，簡稱 SAD）是一種真正的憂鬱症，長則持續整個季節，短則數日。

如果覺得整個人發懶或煩躁、精力不如往常、情緒低落或對原本喜歡的活動失去興趣，這時打開窗戶若發現天色灰暗，我們可能正在經歷季節性情緒失調。

10. 違背價值觀的生活：以上條列的事項雖多但仍不夠詳盡，若真要細究何種因素最容易觸發情緒，或許還是所處環境或正在發生的事項違背個人的價值觀（參見第 6 章，全面並詳盡了解價值觀對情緒的影響）。

好比家中情況（比如自己是「極簡主義者」，但與兄弟姊妹共用的房間很亂），或是朋友要我們做的事（好比自己重視「守法」，他們卻想吸毒），也可能是上司或父

母等權威人士的期望（例如自己重視「展現個人特質」，但他們希望我們穿制服或保持某種風格）。

但也有可能完全基於個人因素，比如我們重視誠實，但最近對朋友或雇主撒了善意的謊；或者我們重視獨處，卻總是過度投入社交活動。

當我們做的事牴觸核心價值觀，所造成的衝突會帶來越來越大的傷害，這類外部觸發因素最終會影響我們的心理健康。

即使遭受上述各項因素影響心情也無須過度擔憂，人生不如意之事在所難免。我們的目標不是避開所有觸發因素，而是以理性方式應對。一開始可能會覺得很難熬，但就像大多數事情一樣，我們可以透過練習漸漸適應。

不妨將它當做健身，當我們上健身房劇烈運動，肌肉和結締組織會受損，導致身體酸痛。我們可能會想暫停運動，等待身體復原，但疼痛其實是好事，每次因運動而受損的肌肉纖維都會恢復，變得更強壯，進而增強全身力量。[7] 人的心智也一樣，透過練習可以培養韌性。

蒂娃和詹姆斯・貝克於 1987 年出版《快樂的連結》（*The Pleasure Connection*），探討腦內啡（endorphins）和快樂的關係，書中提到：

生活充滿持續不斷的壓力，工作、家庭或人際關係變化都可能成為壓力來源。我們對這些情況採取應變措施，逐漸適應這樣的生活方式，也接受它成為日常。直到變化再度降臨，我們被迫再次適應新情況和環境。生活若是少了這些變化，很容易變得乏味和平凡。變化與適應變化為人生帶來深度、前景和意義。[8]

當生活拋來酸澀的檸檬，我們應該把汁液全榨出來，做成檸檬凍飲來喝。這些檸檬是機會，讓人成長、學習、改變及培養抗壓性。朝我們拋來的每個檸檬都不討人喜歡，我們大可以質問它：「這次你又要給我上什麼課？」我們可以被各種遭遇改變，但也可以拒絕被它擊垮。

了解可控和不可控事項

> 　　每當我瀏覽 IG 一段時間，似乎就會被沮喪全面滲透。有時我為了別人的觀點火冒三丈，他們的主張讓我想起這個世界多麼瘋狂；有時我火大是因為那些貼文提醒了我，我賺的錢不夠多（買不起更好的東西或沒有更好的房子），或者沒有正確的審美觀，或者只是事業不夠成功，儘管表面看來我非常成功，而且我也明白，在社群網站看到的只是別人現實生活的一部分。讓我心裡產生疙瘩的那些貼文，往往都跟對方的穿著打扮、度假、家庭或事業有關。
>
> 　　我大腦的理性層面知道這只是假象，他們有自己的問題和需要擔心的事，但感性層面在那一刻占了上風。我發現暫時不上 IG 或停止追蹤某些人真的很有幫助，這是一種解脫，但我無法永遠不看，因為這早已成了生活和工作的一部分。此外，我的貼文獲得很多讚或者有人傳私訊來，同樣會奇怪地讓我感到被肯定。
>
> 凱薩琳，38 歲
> 新南威爾斯州雪梨市

　　為了利用這種韌性，讓外部觸發因素像鴨子背上的水一樣自然地流走，我建議把注意力集中在可控事項上。

練習 控制力

運用下方的控制環控管你的外部觸發因素:

當情緒被外部因素觸發,特別是與成就和渴望相關,要將注意力放在可控事項上,首先必須區分:你的抱負哪些具有意義(亦即反映你的價值觀並幫助你按照這些價值觀生活),哪些又屬於只想對外界證明你的價值。向內而不是向外尋找證明,可以讓我們學會放下,內心充滿喜悅,並且立即消除讓人自我感覺不良的批判或比較。

下面是一張表格,用前文提到的那些因素來說明如何做到這一點。

外部觸發因素	範例	不可控事項
整體健康	你在進行重要簡報前得了嚴重的流感	• 已經得了流感 • 簡報時間已經敲定
工作和職業生涯	週日恐慌又發作了！你很怕上班，因為有個同事態度很惡劣	• 週一必須上班的現實 • 同事對我說難聽話
生活成本上漲	你經常光顧的那家雜貨店提高了將近一倍的售價	• 日常用品的價格
氣候變化	下午開始醞釀一場風暴	• 天氣形態
比較癖和人生里程碑	又有朋友宣布訂婚	• 別人的幸福快樂 • 看到別人得到我想要的事物時，我心裡的感受
性欲和性生活	你和伴侶已經長達 21 天沒有性生活	• 被外界壓力影響的性欲
社會與政治環境	你讀到批評抗議活動的負面報導，這些抗議人士與你有相同理念	• 媒體的報導內容
人際關係	有個朋友對你最熱愛的系列書籍表示不喜歡（很討厭）	• 他人的意見
天氣	今天是灰暗的陰天	• 天氣
違背價值觀的生活	你是極簡主義者，家裡卻亂七八糟	• 別人喜歡製造髒亂

可控事項	我採取的行動
・設法減輕症狀，休息並自我照護 ・由團隊支援並接手簡報	・休息　・服藥 ・請團隊接手，代表我發言
・我對同事的回應 ・我被影響的程度有多大	・同事說難聽話時，我深呼吸 ・立刻走開　・必要時通報人資
・在我的購物推車裡，什麼是「必需品」，什麼是「想要的東西」 ・購買哪些品牌 ・可支配支出	・以自有品牌取代名牌 ・以公司休息室提供的茶包取代下午的外帶拿鐵
・我如何在風暴中保護全家／自己 ・如果定期發生這類災害，可以買保險	・把室外鬆脫的東西固定好 ・購買房屋與財產保險
・我對他們的喜訊表面上和私底下各有何反應 ・我對這件事的評論／對他們說的話	・向朋友道喜 ・寫日記並／或尋求治療，找出我被觸動的原因
・和伴侶談談	・挑一個中立的場所，以尊重、開放的態度和伴侶討論這個情況
・我對這樣的報導有何反應 ・我閱讀或收看哪些媒體的報導	・閱讀中立客觀的媒體報導，了解本次事件的正反兩面評價 ・以其他方式支持你的理念（比如捐款或擔任志工）
・他人的意見如何影響我的選擇 ・我對他人的意見有何反應	・告訴對方：「我尊重你的不喜歡」，然後繼續維持友誼 ・客觀看待別人的意見，不因此認定對方對我有成見；把「她認為我品味很差，因為我喜歡那本書」這樣的想法轉為「她討厭那本書」
・我如何在灰暗陰沉的日子裡緩解情緒	・照照太陽燈 ・告訴自己，這只是暫時情況，太陽會再次出現
・我自己不製造髒亂 ・我對別人製造髒亂的接受度	・與家中其他成員（和髒亂）劃分各自專屬的區域 ・撥出一整天時間專門用於整理，或在家中找一個空間當儲藏室

Chapter 3

Google 醫生和社群診斷
可靠嗎？

為什麼網路世界不一定找得到好答案

如果你覺得最近不管在哪個社群媒體或平台上都看到人們在討論心理健康，這其實不是錯覺。心理疾病和診斷是當前熱門話題，至於這是好事或壞事，目前還沒有定論。

抖音問世後，社群媒體的心理健康討論度特別高，很多人分享了心路歷程和診斷結果，也提供各種見解，以便我們了解其感受背後的「原因」。此外，同樣的情形也出現在 IG、Reddit、臉書（Facebook）、BeReal、YouTube 和各大搜尋引擎上，網路上可以搜尋到無窮無盡

的心理健康內容。

　　一方面，心理疾病被攤在陽光下討論是好事，跨出了減少心理問題被汙名化的第一步。此外，人陷入低潮時能找到與自己有相同經歷的一群人，這多麼令人欣慰，況且在我們註定要花費大量時間的領域裡，他們還能提供獨特的支援。只要看看 Reddit 的憂鬱協助（depression_help）、注意力不足／過動症（ADHD）、神經多樣性（neurodiversity）和焦慮（anxiety）等各討論版貼文有多少，就會明白有共同場所可以分享應對技巧和方法是一件好事。

　　然而，另一派對這種情況抱持悲觀看法，他們認為大眾可能會在網路上看到自己與某人的症狀有部分相似，便根據混亂的資訊對嚴重疾病自我診斷。不正確的診斷將導致無效治療，也會使人忽視負面情緒的真正根源。

　　心理疾病通常都有合併症，也就是說，患有一種疾病的人可能也有另一種疾病的症狀。當我們進行自我診斷，或許會發現自己患有某種障礙（如注意力不足／多動障礙或過動症），但卻無法診斷出同時罹患的另一種障礙（如焦慮症）。這就是為什麼找心理健康專業人士看診非常重要，為的是正確診斷，我們應該將自己的所有症狀告訴醫師，而不僅僅是在網路上看到的那些症狀。

在網路上找到的資訊不一定準確，這是人盡皆知的事實。透過網路尋求心理健康意見，最大的風險就是這些資訊可能不真實，或者背後藏著其他目的，比如某個名人想要累積訂閱數，或者某個品牌想要銷售產品。

> 社群媒體會根據演算法「餵」給你大量心理健康內容，進而縮小你的注意範圍或降低你的認同感，對你的情況沒有實質幫助。
>
> 我建議大家把社群媒體看到的資訊當做起點，另外也要蒐集其他資訊來源，比如健康專家的意見、已發表的研究報告，以及來源可靠的指南等等，並且比較網路資訊與其他資訊的關聯性。
>
> 梅麗莎・伯吉斯，臨床心理學家

我們的焦慮或許不是直接來自社群媒體和網路，但數位世界成了堆積和放大焦慮的場所，已經嚴重到足以每天影響我們的心情。為了邁向健康的心理狀態，控管社群媒體演算法就和其他自我照護措施一樣重要。

如今全球都在研究日趨頻繁的自我診斷情形，這類研究證實，長期使用社群媒體的用戶會出現心理症狀。例如，《綜合精神病學》（*Comprehensive Psychiatry*）期刊的一

項研究探討了抖音用戶如何將「抽搐」症狀自我診斷為妥瑞症，因為演算法針對用戶生成的推播在情感面強化了他們的信念。[1] 從本質上來看，當我們透過社群媒體尋找某些意義，那些引發同溫層效應（echo chamber）的心理健康內容實際上會**加劇**心理症狀。

不要忘了前文提到的老朋友「比較癖」，它可能會在我們上網時被觸發。《我的千禧理財》播客主持人葛蘭・詹姆斯提出很好的建議：對於社群網站上任何會讓你陷入比較癖的帳號，一律取消追蹤或設為靜音模式，可以在上網時避免比較癖帶來的危害。要知道，你的朋友表面上看來過著奢華生活，私底下很有可能靠借貸支撐，也就是說他們其實負擔不起這樣的生活水準。

你應該將注意力集中在個人目標上，對於任何事都盡力表現。最明智的做法是只和昨天的自己比較，看看到目前為止你已走了多遠。

網路上針對心理健康的討論其實也帶來非常正面的影響，那些長期遭到汙名化的議題正慢慢被世人重新認識。但有一點需要記住，在社群媒體搜尋任何內容不是一件易事，畢竟大多數人都還在摸索平台和演算法的運作模式，如果沒有站在更高層面看待整件事，沒有意識到網路上看到的一切都經過精心策劃，是貼文的人出於某種目的上傳

的，那麼盲目地聽從建議會很危險。當你瀏覽某篇貼文，不妨問問自己：它**為什麼**會在網路上？如此一來可以幫助我們保持批判性思維。

　　搜尋引擎比社群媒體更早問世，隨之而來的是「Google 醫生」現象，這個俗稱是指在主流搜尋引擎輸入症狀以獲得診斷，而不是去找醫師尋求專業建議。對一些人來說，在網路上查找心理症狀是一種經濟實惠的做法，在無法負擔醫療費用或無法獲得醫療服務時，我們就會上網尋求數位診斷。然而，數位診斷的問題在於，最前面的檢索結果不一定符合我們的實際情況，這可能會影響我們向外界求助的意願，即便後來決定求助，它還是會影響我們求助的方式。

　　以全球人口來舉例說明，儘管白人以外的人種占全球人口 85% 以上，但網路上大部分心理健康內容都是由西方的白人編寫並上傳，來自其他背景和文化的人可能很難看到代表自己族群的文章。值得注意的是，探討心理健康不能脫離文化和群體特質。某個意見對於某一文化、階級、性別或性認同群體的人來說可能有效，但不一定適合該群體以外的人。

　　鑑於心理治療主要是為了實現真我，因此尋求能夠反映各方面的「我」的經歷和協助是有益的。

多元交織性（Intersectionality）[*]是有待改進的重要領域。人的各方面生活經歷，包括文化、種族、性別、性取向、階級、社會經濟背景或健康狀況等等，都會對群體處理心理複雜問題的意願和方式產生巨大影響。

了解一個人的各種身份，能讓我們將對方當做完整的個體來看待。一旦我們承認上述因素會為生活帶來顯著差異，我們就可以全面而真實地共同解決心理問題。

瑪姬，24 歲
維多利亞州墨爾本市

例如，我們可能很難與不同文化背景的心理治療師心情連結，因為他們不明白，當我們覺得被父母壓得喘不過氣，為什麼不能直接離家。或許是因為在我們的文化中，照顧和尊重長輩是一種「傳統」。這個簡單例子說明了在專業治療中可能出現的摩擦，當我們在網路上向不知名人士尋求心理健康協助時也會遇到相同情況，這就是為什麼當數位搜尋成為了解自己和心理問題的首選方法時，應該首先向價值觀相似的人求助。

---

*譯註：黑人女權主義者金伯利·威廉士·克倫肖（Kimberlé Williams Crenshaw）於 1989 年提出「多元交織性」概念，最早是指黑人女性受到的各種壓迫與歧視，後泛指弱勢者可能因多重身分而遭受多重歧視，包括性別、種族、階級、宗教、殘疾、外貌、性取向等。

不要把心理狀態當做人格特質

找得到有助於了解自身心理狀況的診斷固然很好，但還有一點也很重要，不要太在意新的診斷結果，以免它變成主要人格特質。

「人格特質」一詞已被社群媒體採用，它的含義已從「一種一致而穩定的思想、情感和行為模式，構成我的個性特徵」轉變為「某個獨特而全面的事物，定義我身為一個人的價值」。兩者的區別在於特質對我們的影響有多大：它僅僅構成我們某一方面（如第一個含義），還是它定義了我們的**每一方面**（如第二個含義）？

舉例說明，確診廣泛性焦慮症（Generalised Anxiety Disorder，簡稱 GAD）的人可能意識到自己有焦慮傾向，並在工作中採用一些策略來避免擔憂：「我知道我有焦慮症，所以我決定把待辦事項全寫出來，按照優先順序逐一完成，以減輕我的擔憂。」然而，如果一個人把焦慮視為自身人格特質，可能會把它變成生命中的負面焦點：「我有焦慮症，所以我總是會擔心待辦事項清單，而且永遠也無法真正完成。」

在這個例子中，我們可以看到後者完全陷入焦慮中，拿焦慮當做自己無法完成待辦事項的藉口。事實上，這種將焦慮症視為人格特質的做法，使得症狀對患者產生控制

力，導致他們拱手讓出控制權，這可能是不健康的，而且適得其反。

　　當我們試圖自己診斷而不是向專業人士求證，可能會誤判心理疾病。錯誤的診斷還會導致延誤治療，進而造成心理健康惡化。務必要尋求心理健康專業人士協助，他們可以運用特定準則進行診斷，這些方法都是匯集學者多年研究的心血而成，如〈凱斯勒心理壓力量表〉（*Kessler Psychological Distress Scale*，簡稱 K10）或《心理障礙診斷與統計手冊》（*Diagnostic and Statistical Manual of Mental Disorders*，簡稱 DSM）。

　　記者兼高中教師露西・凱拉韋（Lucy Kellaway）在 2022 年倫敦創意大會解釋了這個問題：「我的學生透過抖音了解焦慮。抖音說，如果你發現自己出現這種行為──」凱拉韋擺弄了頭髮幾下，「或者你有點恍神，那就表示你有『焦慮症』了。這讓他們的情況變得更糟。大家在不明就裡的情況下談論心理健康，一半年輕人都憑自我診斷來斷定自己有心理疾病，這真的是個很大很大的問題。」

　　心理治療師兼《紐約時報》（*New York Times*）暢銷書作家艾絲特・佩雷爾（Esther Perel）回應：「我注意到一種情況：我們會斷定某個人有病，而不是理解社會可能

存在一些問題。心理健康危機是將社會問題歸因於個人的一種方式。其實你並不焦慮，考量到你在個人生涯或家庭生活中所經歷的情況，你的生活方式非常恰當，這是完全不同的概念。」[2]

　　人生旅途充滿了跌宕起伏，偶爾踩到地雷在所難免。生而為人，不管好事壞事，我們都需要一同面對。現今確實有越來越多年輕人飽受心理障礙所苦，他們往往透過自我傷害來應付症狀。汙名化、無法獲得醫療專業人士協助、無法優先獲得心理醫療補貼等等，都可能導致人們轉而在網路上尋求資訊和驗證，以了解自己的感受，弄清楚為什麼自己不再感覺良好。

　　社群媒體的「同溫層效應」意味著，演算法會大量推播同性質的內容供人們瀏覽。如果我們看的東西充斥著悲慘末日的氛圍，之後就會看到更多相似內容。遺憾的是，鑒於目前全球局勢，我們不一定能避開它們，畢竟許多國家正在交戰，經濟壓力也無所不在。在這個「槍打出頭鳥」的世界裡，獨樹一格無疑是一種挑戰，氣候正發生變化，各種衝突此起彼落，這些都有可能讓我們陷入網路上的「悲慘末日」心態。此時找到一個群體，任何一個都好，可以幫助我們擺脫孤獨感。

　　青年心理健康基金會（Headspace）是澳洲非營利

機構，它曾在 2022 年舉辦全國青年心理健康調查（The National Youth Mental Health Survey），發現 58% 的年輕人認為社群媒體的資訊量太大。事實上，一半澳洲年輕人認為脫離社群媒體是件好事，但也擔心自己會錯過潮流趨勢、政治動態甚至八卦新聞。[3] 這個世界只有人類會互相比較，而社群媒體讓人們的比較癖變得空前嚴重。

然而，不妨想一想，我們會把最真實的自己放在網路上嗎？可能不會。既然如此，為什麼要把別人在網路上分享的東西當真？我們或許會看到情侶互相依偎，笑得很甜蜜，於是希望自己也擁有一樣的幸福，但我們看不到他們為了週末誰洗衣服或平常誰洗碗而爭吵。朋友炫耀我們買不起的新鞋，我們看了可能會覺得難過，但也許我們不知道他們的購物習慣都是父母贊助的。不妨對你看到的一切抱持懷疑，你就會質疑自己對網路內容的反應是否合理。

不要忘了，即使沒有罹病（透過自我診斷或其他方式得知），我們的感受仍然是真實的。如果覺得緊張，那就只是緊張，不是非得要診斷為焦慮症，我們的擔憂才合理。

當名人關注心理健康議題

除了社群媒體，傳統的娛樂和新聞媒體也越來越常討論心理健康，有時會出現一些扭曲的概念，強調心理疾病

的不可預測性或危險性，導致觀眾因自尊心受損而諱疾忌醫。[4] 不過，最近我們有幸看到名人參與一些節目，探討複雜的心理健康議題，他們對世人表明：心理健康不應和歧視劃上等號。

塞萊娜・戈麥斯（Selena Gomez）罹患躁鬱症和紅斑性狼瘡（一種慢性自體免疫疾病，患者的免疫系統會攻擊自身組織和器官），紀錄片《心理與我》（*My Mind & Me*）描述她罹病 6 年來的心路歷程。這位集歌手、演員、企業家和慈善家於一身的女性，在片中展現她如何學會與心理疾病和平共存，最終找到人生目標。

她指出，儘管她的生活表面看來很美好，內心和情緒其實飽受煎熬。獲得明確診斷後，她反而覺得自己被理解了。她在紀錄片中說明，雖然她的思維和情感偶爾會陷入掙扎，但這並不意味她有缺陷或軟弱，她就是個普通人罷了。

雖然大眾不一定接受運動員或政治家因心理問題而暫停職業生涯，但流行文化和社群媒體對於相關議題的討論日趨廣泛，為心理健康洗刷了汙名，它不再被視為禁忌話題。《心理與我》這類影片以及《從心出發》（*All in the Mind*）和《不完美的心》（*The Imperfects*）等播客都是廣泛討論的一部分。

澳洲許多節目都會公開探討心理問題，比如《心碎高中》（Heartbreak High）和《請喜歡我》（Please Like Me）等劇集，甚至包括動畫《妙妙犬布麗》（Bluey）。諸如《無恥》（Shameless）播客主持群和艾比・查特菲爾德（Abbie Chatfield）等獨立媒體人，也在為一種新型報導鋪路，這些內容以價值觀為導向，無懼對外公布自己情緒低落。

　　近 10 年來社群媒體興起，人們紛紛在網路上分享生活細節，焦慮和憂鬱等心理問題早已屢見不鮮。不管是不是名人，這些內心掙扎的普及與正常化使得大眾樂於分享自己的心路歷程。社群媒體的即時性讓心理健康議題變得平易近人；IG 貼文、兩分鐘快照 BeReal 和即興抖音影片都可以做為真實描述心理問題的媒介。

　　心理治療在許多方面都因社群媒體而為大眾所熟知，「煤氣燈效應」（gaslighting）和「界限」（boundaries）等術語已成為主流概念。如今我們對心理健康的探討和處理方式都深受社群媒體影響，其程度不容小覷。

瑪姬，24 歲
維多利亞州墨爾本市

安全使用社群媒體

　　或許本章看起來就像一塊大型告示牌，上面寫著「社群媒體最糟糕！」但是，只要我們懷著正確意圖登入帳號，依然可以安全使用它。找到有歸屬感的群體對我們有益，只要抱持好奇心去接觸所有內容，我們就能安全做到這一

點。下次當你瀏覽網路文章時，不妨問問自己：

- 我從這篇文章得到什麼？它讓我感覺良好還是沮喪？
- 作者為什麼要上傳這些內容？他們的目的是分享經驗、推銷產品，還是提供建議？
- 這個人是專家嗎？我該不該重視他們說的話？他們具備哪些正式資格？
- 這個人的經歷是否與我自己的經歷相呼應？他們的文化背景與我的相同嗎？年齡是否相仿？
- 這個人是否追蹤其他同樣傳播正面內容的帳號？我是否也可以追蹤那些有益健康的帳號？
- 這個人有沒有提到自己已經過醫師確診？或是我認為他們是自我診斷的？
- 文章內容是否完全反映我的症狀？或者，我只對部分內容有共鳴？
- 我是否以最佳心態來面對這些內容？我是否站在正面的角度看待它們？

瀏覽具有教育意義且可靠的內容對心理健康有益，但那些讓我們感覺更糟的文章沒有任何幫助，即使內容反映了自己的狀況。當你在社群頁面看到影響心情的貼文時，

請將該帳號設置為靜音或取消追蹤，並尋找能改善心情的內容。這樣一來，社群媒體便能給予我們正常的體驗，並鼓勵我們尋求專業協助。

> 我認為 IG 和抖音在心理健康方面的討論做得非常好。這取決於你的網路圈，我自己的網路圈裡充滿名言警句和勵志故事，因為這正是我關注的方向。不過，話又說回來，任何事都有改進的空間。
>
> 珍，24 歲
> 澳洲西部珀斯市

此外，也可以考慮使用平台提供的工具。例如，Pinterest 有一個名為「避風港」（Haven）的空間，用戶可以查看一些令他們平靜或促使他們記錄感受的內容。抖音則是當用戶搜索「自殺」或「飲食失調」等特定詞彙時，會主動分享協助資源。

最後，要懂得區分名人和專業人士，多傾聽後者的意見。你可以在社群媒體追蹤自己的治療師，或者尋找那些公開專業證照或專業機構會員身分的治療師，訂閱他們的貼文。這樣一來，你就能確保自己接收到的心理健康資訊都是可靠的，它們的目的是讓你變得更好。

Chapter 4

認知療法、行為療法……
到底是什麼鬼？

什麼是心理治療？

治療（therapy），也稱為心理治療（psychotherapy），旨在幫助我們提升應變能力，以便受外在影響而陷入困境時有能力應對。它有助於改變思維模式，並克服在了解自己的過程中遇到的任何難題。

這類治療由諮商心理師、心理學家（psychologist）、精神科醫師（psychiatrist）或社會工作者提供，最常用於解決心理健康問題，也可以改變反覆出現的無益想法或行為。

有些人發生事故後被強制送醫並接受心理治療，但大多數澳洲人都是自願接受某種治療，目的是讓自己變得更好。

成功的心理治療可以協助我們：

- 應付壓力、憂鬱、焦慮、強迫行為、成癮症和人際互動困難。
- 解開並處理身體和心理方面的限制及早年的創傷經歷。
- 消除對社會與文化的偏見感和不公不義感。
- 有效應對孤獨感、無意義感和存在危機。
- 處理悲傷與生活中的變故。
- 認清並克服任何反覆出現的「困境」，以便過更好的生活。
- 為未來的心理健康做好準備。

心理治療師分為數種，主要區別在於療法，下頁表僅針對澳洲的 3 種心理治療師概括簡介，並非全面介紹。

「心理治療」是統稱，泛指諮商心理師、心理學家、精神科醫師甚至社會工作者為客戶解決問題，並以談話療法做為執業項目之一。客戶通常是個人，但也可能包括夫婦、家庭、團體和組織。

	諮商心理師	心理學家	精神科醫師
治療方式	・偏重客戶本身需求 ・鼓勵客戶透過實證技巧找到控管情緒的方法 ・查明客戶需要哪些協助並提供支援，幫助他們達到心理健全	・偏重科學方法 ・診斷和評估更嚴重的心理問題 ・鼓勵客戶（有時是家人或照護者）參與治療相關的決策過程	・偏重醫療方法 ・診斷和治療更嚴重的心理疾病 ・接受過醫師培訓，可以開藥
專長	・傾聽並幫助客戶實現目標 ・短期策略，以解決問題為主	・關於人們如何思考、感受、行動和學習的科學 ・人類心智發展領域，包括大腦、記憶、學習和處理等方面	・辨識複雜的心理疾病 ・為複雜和嚴重的心理疾病提供一系列療法
平均養成年數	3 年	6 年	11 年
規章制度	・職業自律 ・完成取得資格的高等教育課程後，註冊成為澳洲諮商協會（ACA）或澳洲心理治療與諮商聯合會（PACFA）等專業協會的會員	・受政府或專業機構監管 ・心理學家必須在澳洲心理學委員會（Psychology Board of Australia）註冊，本委員會的協助單位是澳洲健康從業者監管機構（AHPRA） ・根據個人專長加入不同協會	・受政府或專業機構監管 ・精神科醫師必須在澳洲健康從業者監管機構註冊，並在澳洲與紐西蘭皇家精神科醫師學會（RANZCP）註冊

註：以上資訊在本書印製時正確無誤。*

---

* 譯註：精神科醫師在台灣也被稱為身心科醫師，此外，西方的心理學家在台灣常被稱為心理醫師或心理師。

通常，當你需要一般支援時，可能會向諮商心理師求助，若出現更嚴重或複雜的心理問題，你可能會找心理學家或精神科醫師看診。無論你向誰求助，成功治療的關鍵之一就是你與心理治療師之間要有連結。重要的是，找一個願意尊重、理解、支持並樂於協助你的專家一起努力。

梅麗莎·伯吉斯，臨床心理學家

不是「患者」而是「客戶」

尋求心理治療協助的人通常被稱為「客戶」，而不是「患者」。這個細微差別讓權力回到尋求治療的人身上；客戶本身就是這趟追求心理健康旅程的積極參與者。「患者」是指接受醫學治療的人，必須全面仰賴醫療專業人士協助。相較之下，「客戶」是接受他人服務的人，意味著客戶是心理治療師的合作夥伴，雙方齊心協力解決客戶的心理健康問題。

美國心理學家卡爾·羅傑斯（Carl Rogers）是二十世紀心理學界最崇敬的思想家之一，他開創「客戶中心療法」（Client-Centred Therapy）（後來演變為「個人中心療法」，Person-Centred Therapy）專業術語，進一步意味著尋求協助的人就是主角，診間發生的一切都以他們為中心[1]，使得客戶在心理治療師的**協助**下有能力自己

找到解決方案。

心理治療是否成功通常取決於客戶與心理治療師的關係。在第一次治療中（有時甚至在最初 10 分鐘）建立的關係，其品質會影響結果（也稱為治療效果）的好壞。因為諮商關係建立在信任與和諧的基礎上，它為我們提供安全空間，允許我們展現脆弱的一面並分享真實情緒。

接下來，心理治療師會協助我們認識並了解剛才分享的重要訊息中包含哪些情緒，詳盡解說並幫助我們找出當中的意義也是心理治療師的職責。我們會看到，心理治療就像跳舞，客戶則是領舞的主角。心理治療師與客戶的關係越密切，治療結果就會越好。

心理治療是以尋求協助的人為主，因此心理治療師只會透露對客戶有益的自身訊息。例如，心理治療師可能與我們有某種共同的宗教信仰、觀念或行為，如果他們認為這可以幫助我們感到安全與被人理解，就會對我們表明事實。

然而，這種一致性（一個人的內在體驗與外在表達相符）通常只到這裡為止。心理治療師會真實、可靠和真誠地對待客戶，但不會將治療焦點轉移到自己身上。和諧一致、展現同理心和無條件的正向關注（不以批判的眼光看待我們，完全接受我們的優點和缺點、脆弱面

和正面特質），這些都是心理治療師與客戶建立真正和諧關係的工具。

療程中會有什麼

　　一般標準療程大約 50 分鐘，結束後心理治療師會利用接下來的 10 分鐘記錄病歷、為客戶辦理付款手續，並為下一位客戶做好準備（此外，他們也需要上個洗手間！）。大多數治療都是在小型私人診間內進行，室內有舒緩心情的裝飾、舒適的椅子、飲水和面紙；不過，許多心理治療師也從事遠端治療（透過線上視訊軟體），方便客戶同時兼顧生活、學業、工作與治療。

　　療程各有差異，以下提供標準療程常見步驟，讓你有個概括的認識。

　　當你首度與心理治療師展開療程，第一次治療通常與後續治療不同，比較像是「花時間了解你這個人」。心理治療師會著手了解我們尋求幫助的原因（也就是釐清我們「目前的問題」）、過往的經歷、最親密的人際關係，以及任何與目前問題相關的訊息。我們會在「起始」階段揭露這些訊息，心理治療師還會問一些標準問題，但可能與我們接受治療的原因沒有太大關係，這麼做的目的是為了全面了解我們，以便幫助我們揪出原因。這個階段的資訊

蒐集被稱為「個案概念化」（case formulation）。

在展開起始治療之前，心理治療師會告訴我們大致流程，以及他們身為法定通報人的職責。例如，他們可能會這樣說：

我的典型療程包括（x、y和z）等階段。這是一個安全的場所，你可以盡情表現出內心的脆弱。你有權針對我的療程、執業資格和經驗提出任何問題。你在過程中所說的一切，我都將嚴加保密，但也有例外。

例如，假使你簽署了一份文件，載明我可以與你的醫療團隊成員（如全科醫師或精神科醫師）共用資訊，那麼我就不需要遵守保密原則。或者，如果我發現你對自己或他人有危險傾向，比如自殺、虐待或忽視，那麼（根據專業機構／我的執業守則），我有義務通知其他人，比如當局，畢竟我們必須確保你和其他人的安全。最後，如果法官開庭需要你的病歷，我必須交出去。

以上你覺得如何？還有什麼問題嗎？

上述內容通常透過口頭解釋，但心理治療師也可能拿

出文件要我們審閱並簽字，這類文件會詳細說明我們即將接受哪些治療、同意以何種心態接受治療（公開、尊重、誠實）、預約規定和收費結構、任何保險或費用折抵、機密記錄留存、心理治療師的執業時間和連絡細節，以及我們身為客戶享有的其他權利。

心理治療師要求我們進行上述事項，以便我們在知情的狀況下同意接受治療，這意味著我們了解自己身為客戶的權利，並同意延續雙方的治療關係。

治療並不是心理治療師從我們身上得到什麼，而是我們從心理治療師身上得到什麼。在第一次治療中，這包括彼此之間培養和諧融洽的關係。心理治療師應該以無條件的積極關注來對待我們，身為客戶的我們無論說了什麼或做了什麼（當然，辱罵除外），都會得到接納和支持，這樣就能達到最佳療效。第一次治療結束後，如果彼此之間覺得「不對勁」，身為客戶的我們有權問問自己，是否因為自己從未這般脆弱而覺得不舒服，還是這位心理治療師可能不適合自己（遇到這種情況也無須擔心，請參閱第 17 章〈尋求專業協助〉，了解如何找到適合的心理治療師）。

當我們開始按部就班接受治療，心理治療師就會與我們一起合作，找出我們希望克服的最大障礙，並擬定實現目標的策略。這些障礙可能是我們在第一次預約治療當下

所面臨的問題（睡眠障礙、孤獨感、日漸高漲的憤怒等），也可能是表面出現這些症狀，背後藏著更大的問題（遭到霸凌、忽視、感到自卑等）。心理治療師會利用專業經驗和偏好的療法（參閱本章後面的內容），與我們一起努力改善心理健康。

為了確保客戶在治療中獲得最大效益，心理治療師可能會提出下列問題：

- 我們比較傾向在兩次療程間做「家庭作業」，或是在診間就把該做的做完？
- 我們傾向於按部就班挑出一項任務並搞定，或者我們屬於萬事起頭難的類型？
- 我們是否獨自踏上這段旅程，還是身邊有朋友或家人支持？

上述問題都是為了幫助他們了解客戶，確保彼此的長期合作順利愉快。

心理治療師也會著手了解療程是否滿足我們的需求，這並不是為了他們自己著想，而是確保我們覺得自己被**理解**和**協助**。去蕪存菁，這才是治療的真諦。

經過數週或數月治療後，我們或許會發現已經沒有什

麼可說的。這時心理治療師可能會談到我們在以前的療程中提過的某件小事，希望我們分享更多看法。這是因為他們認為我們提起這件事一定有原因，希望我們多多討論。這可能正是潛藏的主題浮上檯面的時候。

心理治療師蘿蕊・葛利布（Lori Gottlieb）在她榮登《紐約時報》暢銷書排行榜的著作《也許你該找人聊聊》（*Maybe You Should Talk to Someone*）中寫道：「傾聽一個人的故事需要一段時間，對方講述故事也需要一段時間，而大多數故事（包括我的在內）都一樣，在你搞清楚來龍去脈之前，聽到的都只是浮光掠影。」[2]

心理治療師透過點頭肯定、請我們繼續說下去、表達他們的個人意見，以及總結聽到的內容，給予我們盡情抒發的空間，幫助我們找出可能想要探討的新主題，並直搗它的核心。

心理疾病和診斷

治療中使用的術語很重要，但也會令人困惑。例如，以下是目前業內對心理健康、福祉、疾病和障礙之間的區別：

• **心理健康（mental health）**：我們的情緒、心理和社

交狀態。每個人都有心理健康，但其穩定和正面程度可能因不同人、不同日子、甚至不同時段而異。當我們的心理健康降到或低於某個臨界點，我們可能會尋求治療。

- **心理福祉**（mental wellbeing）：正面的心理健康狀態，幫助我們解決問題並順利學習、工作和生活。
- **心理疾病**（mental illness）：複雜的心理問題，已經超越日常生活範疇。心理疾病通常會長期持續，醫師會運用臨床工具來確認症狀是否符合罹病標準（見下文）。
- **心理障礙**（mental disorder）：通常與「心理疾病」交替使用，根據臨床顯著症狀區分為多個種類。例如，我們可能患有「焦慮症」、「飲食失調」或「神經發展障礙」。

　　我們都有**心理健康**，我們都能以**健全心理福祉**為目標。我們不需要等到罹患嚴重臨床心理疾病或障礙才尋求治療。

　　事實上，許多客戶向心理治療師求診，希望透過每天實施的策略來改善心理健康。不過，當這些策略不再奏效，臨床檢查表和問卷如〈凱斯勒心理壓力量表〉（K10）或《心理障礙診斷與統計手冊》（DSM）可以幫助診斷。

這些工具由訓練有素的專業人士運用，可以幫助我們更加了解自己的心理健康，這也是心理治療師診斷的常規步驟。必要時最好找專業人士進行正式診斷，而不是根據我們在網路上看到的症狀自我診斷，唯有經過正確診斷並制定符合需求的心理保健計畫，才能讓我們更快達到更健全的心理福祉。

接受心理治療的恥辱感

我們已經了解，心理治療師是心理健康領域訓練有素的專業人士，他們的首要任務是提升客戶的福祉。在我們最脆弱的時刻，他們是陪在身邊的人，是我們可以放心傾訴的人，是溫暖傾聽我們心聲且不帶任何批判的人。聽起來很有幫助，是不是？那麼，為什麼接受心理治療仍然被視為一種恥辱呢？[3]

過去，人們不了解心理治療的真諦，因而對接受治療感到羞恥。當社群媒體還只是馬克・祖克柏（Mark Zuckerberg）腦袋裡的想像時，很多人認為只有在心理健康發生嚴重危機時才需要尋求治療。

至於和朋友及家人談論自身的心理健康危機？呃，門都沒有。因此，為了暗地裡接受 50 分鐘心理治療，我們只好找別的藉口早退（「我預約了門診」、「我得去學校

接孩子」），或是乾脆把午餐帶去外面吃。

　　當名人和周遭親友開始透過傳統及社群媒體談論心理健康，這種羞恥感才開始消退。在新冠肺炎大流行初期，澳洲政府發現隔離期間進行心理治療非常重要，於是將國民醫療保險（Medicare）的心理治療給付從每年 10 次增加到 20 次（雖然後來又撤銷了）。[4]

　　如今，媒體對於心理健康的討論日益增加，我們正朝著這個目標邁進——把接受心理治療視為恥辱的舊觀感留在史書中。

　　儘管如此，我們仍有非常大的進步空間。澳洲原住民和托雷斯海峽群島（Torres Strait Islands）島民、各種性別認同群體（LGBTQIA+）成員，以及文化和語言多樣性（CALD）群體等，他們在心理疾病方面可能會受到社會大眾歧視，對他們的心理健康造成更大影響，導致汙名化和羞恥感不斷循環。這些群體當中也有經過合格培訓的心理健康從業人員，他們的服務對象包括每個人，但這並不意味著每個人都能獲得治療。

　　心理健康不需要成為一場戰鬥，儘管在某些日子裡看起來確實很像。我們可以每天為心理福祉而努力，不要等到危機來臨才行動。我們應該了解心理治療的真諦：它是一種積極主動的工具，讓生活更加美滿。

我對於向心理治療師求助感到自豪，因為在我看來，這與牙痛看牙醫或背痛看理療師沒什麼區別。大腦是重要器官，很需要我們關心和愛護！我有很多朋友都會找心理治療師看診，我們還會分享彼此的療程。

珍，24歲
澳洲西部珀斯市

客戶與心理治療師的關係

我們與心理治療師的關係建立在信任之上。如果客戶在診間覺得有人願意理解並傾聽心聲，那麼心理治療師已經成功了一半。不過，對雙方或任何一方來說，可能會在診間浮現某些令人費解的感覺。

移情和反移情作用是心理健康專業訓練經常討論的問題。移情作用是指客戶將自己對他人的感情轉嫁到心理治療師身上（例如，心理治療師與我們的父親有相似特質，我們可能會將對方視為父親的形象）。反移情作用則恰恰相反，這是指心理治療師將自己的欲望或感受轉嫁到客戶身上（例如，他們可能會喜歡我們，想和我們一起去喝咖啡）。雖然移情和反移情作用有時是療程中正常的現象，甚至有些用處，但心理治療師受過專業訓練，能夠識別並導正任何模糊專業和道德界限的情況。心理治療師若能釐

清這些感覺出現的原因，就可以更深入了解客戶及其需求。

關鍵是要記住，心理治療師只是普通人，不是傳達神諭的祭司、魔術師或萬事通。他們不一定知道答案，但是他們以我們的最佳利益為重，一定會盡力幫助我們找到答案。如果他們不確定該往哪個方向進行，或者對於我們所提的問題沒有把握能夠清楚回答，他們會說「我不知道」，並努力在下次療程給我們一些意見。因此，雙方都應抱持真誠的心態面對治療。

即使是心理治療師也需要向心理治療師求助！優秀的心理治療師會尋求資深同行指導，自己也會接受治療，並持續參與專業培訓，確保技能和知識與最新研究同步。

> 在一個你覺得格格不入的空間和心理治療師面前，想要有安全感並不容易。每位治療師的價值觀都不同，但我認為要找到適合的心理治療師就像約會一樣；你不一定能與「約會」對象合拍，想要找到與你的背景和需求相符的心理治療師，可能需要花上一些時間。
>
> 對我來說，我的心理治療師必須有治療文化和語言多樣性群體的經驗，還能深入了解心理創傷，不會將他們的偏見或個人觀點帶到治療中（我遇過這種情況）。
>
> 哈薇拉，30 歲
> 維多利亞州墨爾本市

常見療法

　　一般認為，心理治療的最初雛形來自古希臘時代，哲學家柏拉圖（Plato）、亞里斯多德（Aristotle）和醫師希波克拉底（Hippocrates）在研究醫學的同時也研究心理健康。我們今天所知的心理療法很難準確斷定問世時間。數百年來，人們訴諸一對一談話，以了解生活的壓力、人際關係、可能存在的疑慮或恐懼、情緒問題和心理障礙。究竟是從何時開始，這些對話融入專業技巧，漸漸偏向於心理治療？

　　19 世紀，幾位專攻催眠和夢境的醫師因早期心理療法而被載入史冊，當時人們普遍認為心理疾病與巫術和其他超自然力量有關，這批醫師的研究和療法消除了世人的誤解。我們所熟知的「談話療法」直到 19 世紀末才開始蓬勃發展，當時約瑟夫・布勞爾（Josef Breuer）與同行西格蒙德・佛洛伊德（Sigmund Freud）共同開發了「神經障礙談話療法」。佛洛伊德的研究由多名學生接手，他們深化了精神分析領域並開創心理動力療法（Psychodynamic Therapy）。

　　從那時起，這個產業橫跨精神病學、心理學、心理諮商等各個心理治療領域，隨著我們探索人生意義而不斷發展。儘管近年來心理治療師進行的某些實驗性研究

值得商榷（請上網搜尋「史丹福監獄實驗」〔Stanford prison experiment〕或「小亞伯特實驗」〔Little Albert experiment〕），所有專業人士的努力依然締造了今日的成就，形成一個持續發展而更合乎倫理道德的領域，它的共同目標是：深入理解人類行為，幫助接受治療的客戶過更快樂、更健康、更有成效的生活。

心理治療從業人員可以深入鑽研的療法有很多，經過多年發展，這些療法不斷出現新的變化，每一種都有研究和觀察結果背書，也有不同技巧和策略可以在診間運用。心理治療在許多方面都採用科學術語，對外行人來說相當陌生，一般人若聽到「認知行為療法」（Cognitive Behavioral Therapy）、「辯證行為療法」（Dialectical Behavior Therapy）和「接納與承諾療法」（Acceptance and Commitment Therapy），可能會暗自納悶：「這些是什麼鬼啊？我只是想得到一點幫助！」

健康素養意味著擁有理解、判斷和應用資訊的知識與動力，進而對自己的健康和保健做出有效的選擇。我撰寫本章的目的也是基於健康素養，讓讀者對現代心理療法有基本了解，以便你尋找心理治療師或第一次與心理治療師交談時，可以充分傾聽並學習，然後明智地決定你接下來該採取什麼行動。

心理治療方式主要分為以下幾種流派：

- **心理動力**：心理動力療法著重於潛意識對身心功能的影響。我們會詳細討論內心潛藏的問題，旨在揭露可能造成不適的想法或行為，並提高控制這些想法或行為的能力。
- **人本存在主義（Humanistic-existential）**：此療法基於「我們最了解自己的獨特經歷和需求」這一信念，著重於提升人的潛能。採用這種療法的人認為，客戶最了解自己的獨特經歷和需求，並有能力決定自己的生存方式。
- **認知行為**：認知行為治療學派著重於人在識別和解決問題當下的思維和行為模式。心理治療師在評估客戶的狀況後進行干預，幫助他們改變特定行為或想法。這種療法比心理動力療法和人本存在主義療法更為簡短。
- **後現代（Postmodern）**：後現代學派認為，我們如何構建並處理自身與世界的相關資訊，對我們的身分認同至關重要。這個流派以過去的經驗為現在提供參考資訊。

　　從業人員在診間選擇使用哪種療法，取決於他們接受

的訓練或專長，以及客戶的個別需求。例如，即使有人擅長認知行為療法，但客戶每週都懷著自卑心態接受治療，不停訴說著「我太不可愛了，沒有人會愛我」，那麼心理治療師可能會嘗試新方法。

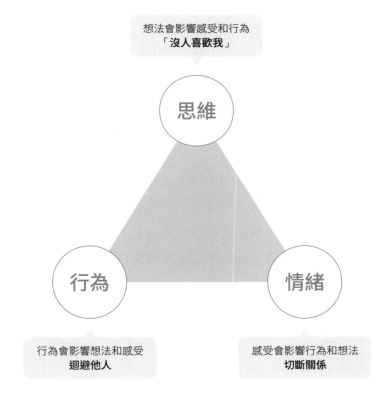

圖 4-1　認知三角形，在認知行為療法中常用來說明思維、情緒和行為如何互相影響

也許心理治療師記得客戶在第一次治療中描述自己「有創意」，而且每次坐在沙發上時，他都會看到一本日記從包包裡露出來。因此在下一次治療時，心理治療師會拿出彩色鉛筆，進行藝術治療，以另一種方式來解決問題。

　　他可能會要求客戶在紙上畫出自己，然後溫和地引導他們添加「一個誇過你的人」、「寵物」、「你心情不好時可以打電話訴苦的對象」、「請你喝咖啡的同事」等。客戶把這些畫在紙上後，就會發現身邊其實有很多愛他們的人，也會明白「我不可愛」這種極端想法其實是錯誤的。

　　我第一次接觸認知行為療法是在接受飲食失調治療時。與人交談 1 個小時對我來說是件好事，但我需要能在一天當中的其他 23 個小時裡運用的策略，而認知行為療法真的可以幫助我控制焦慮。我有不同的技巧、工具和提醒來應對不同的焦慮，非常實用。

　　對我來說，助我改變的工具和達成目標的視覺提醒也讓我看到自己的進展。有時候，你會覺得自己沒有多大進步，但當你看到所有目標欄位都已勾選，那種感覺真的很好。

娜汀，40 歲
新南威爾斯州雪梨市

大多數心理治療師不會只使用一種療法，而是融合多種元素，找出最適合客戶需求的方式，這就是所謂的綜合或整體療法，它以人為本，把我們的需求放在治療的核心位置。

　　多年來，所有療法在各種心理問題的治療上屢獲佳績，學界也對此進行了大量臨床調查和研究，因此心理治療師不愁找不到與客戶一起解決問題的方法。比如我們可能需要一些在兩次療程之間的空檔可以採用的具體策略（像是回家功課），因為我們相信每個問題都有解方。心理動力談話療法可能不適合這類人，因此心理治療師可能會選擇認知行為療法，好讓我們認清「自己應該做什麼」，從而掌握目前的進展。

　　下面列出一些常見療法及適用的心理症狀。

接納與承諾療法
（Acceptance and Commitment Therapy）

- **適合治療**：焦慮、憂鬱、工作壓力、慢性疼痛、飲食失調、強迫症、物質使用障礙（俗稱藥物濫用）等
- **流派**：認知行為

分析療法
（Analytical Therapy）

- **適合治療**：內心痛苦、自我意識、焦慮、憂鬱、飲食失調、恐懼症等
- **流派**：心理動力

行為療法
（Behaviour Therapy）

- **適合治療**：憂鬱、焦慮、恐慌症、憤怒等
- **流派**：認知行為

認知療法
（Cognitive Therapy）

- **適合治療**：焦慮、自尊、物質使用障礙、躁鬱症、恐懼症、飲食失調等
- **流派**：認知行為

認知行為療法
（Cognitive Behavioural Therapy）

- **適合治療**：憂鬱、焦慮、躁鬱症、飲食失調、創傷後壓力症候群、強迫症、恐懼症等
- **流派**：認知行為

創意療法（Creative Therapies）
（如：藝術、舞蹈、戲劇、表達藝術、音樂、遊戲）

- **適合治療**：焦慮、創傷、憂鬱、創傷後壓力症候群、飲食失調等
- **流派**：後現代

辯證行為療法
（Dialectical Behaviour Therapy）

- **適合治療**：人格障礙、飲食失調、自殘、創傷後壓力症候群、憂鬱、焦慮、物質使用障礙、躁鬱症等
- **流派**：認知行為

存在主義療法
（Existential Therapy）

- **適合治療**：焦慮、物質使用障礙、憂鬱等
- **流派**：人本存在主義

完形療法
（Gestalt Therapy）

- **適合治療**：自尊、焦慮、憂鬱、躁鬱症、人際關係、慢性疼痛等
- **流派**：人本存在主義

團體及家族療法
（Group and Family Therapy）

- **適合治療**：家庭和其他人際衝突、憂鬱、焦慮、物質使用障礙、躁鬱症、人格障礙、飲食失調、對治慢性醫療問題等
- **流派**：人本存在主義

多元模式療法
（Multimodal Therapy）

- **適合治療**：憂鬱、焦慮、人格障礙、物質使用障礙、飲食失調、腦損傷等
- **流派**：認知行為

敘事療法
（Narrative Therapy）

- **適合治療**：焦慮、創傷、物質使用障礙、飲食失調、憤怒、憂鬱等
- **流派**：後現代

個人中心療法
（Person-Centred Therapy）

- **適合治療**：焦慮、憂鬱、悲傷、虐待、生活變化、人際衝突等
- **流派**：人本存在主義

正向療法
（Positive Therapy）

- **適合治療**：憂鬱、焦慮、自尊等
- **流派**：後現代

（古典）心理分析療法
（Psychoanalysis）

- **適合治療**：焦慮、人格障礙、恐懼症、性問題、憂鬱等
- **流派**：心理動力

理性情緒行為療法
（Rational Emotive Behaviour Therapy）

- **適合治療**：焦慮、憂鬱、自我價值、憤怒、拖延、飲食失調等
- **流派**：認知行為

基模療法
（Schema Therapy）

- **適合治療**：邊緣性人格障礙、飲食失調、焦慮、憂鬱等
- **流派**：認知行為

焦點解決短期療法
（Solution-Focused Brief Therapy）

- **適合治療**：物質使用障礙、人際關係、焦慮、憂鬱、賭博成癮、飲食失調等
- **流派**：後現代

交流分析療法
（Transactional Analysis）

- **適合治療**：自尊、人際關係、焦慮等
- **流派**：人本存在主義

> 　辯證行為療法改變了我的生活；我無時無刻都在運用當中的每一項技能，幫助自己治療躁鬱症並促進心理健康。沒有它，就沒有現在的我。我最喜歡的一些技能是「相反行動」（Opposite Actions）和「智慧心靈」（Wise Mind）。
>
> 艾希拉，26 歲
> 維多利亞州墨爾本市

　　幸運的是，在尋求專業協助之前，我們不需要知道哪種療法適合自己。事實上，大多數心理治療師希望我們首先說明想要解決的問題，以便了解他們能提供哪些服務，而不是我們主動指定他們使用某種療法。如果他們覺得幫不上忙，也會指引我們去找幫得上忙的人。

　　請記住，我們與心理治療師能和諧共處，往往才是治療成功的最佳指標。

第二部分

———

專為你打造的
心理福祉指南

Your Guide to
Mental Wellbeing

Chapter 5

準備好改變你的生活

設定目標和改變的 6 個階段

　　僅僅是閱讀本書，你就已經在主動改變生活，朝更美好的未來邁進。

　　人生在世，每個人的情況各不相同。你或許正考慮幾個月後再改變行為，現在時候還未到。你也可能正跨出改變的第一步，或者已經在努力實現目標的途中，這些都是準備進行改變的階段，總共有 6 個。能否繼續保持改變後的行為，以及需要多長時間才能實現目標，取決於你目前所處的階段。

改變的各個階段

　　無論是要改變暴飲暴食、吸毒或酗酒、需要進行簡報時畏縮不前、心裡不願意嘴上卻不敢說「不」，還是其他任何阻礙進步的行為，我們都處於改變的 6 個準備階段之中。整套模式通常用於戒除物質使用障礙（例如酒癮或藥癮），但也適用於大多數需要調整的行為。

圖 5-1　改變的 6 個準備階段。此範例展示某人從不健康的飲食習慣轉變為健康的飲食習慣

另外有個重點也需要注意，為了徹底改變行為，我們可能需要反覆進行各階段，這也無妨，只要能持續進步就行了。

　　1. 前期階段：在這個階段中，我們還沒有承認問題存在，甚至可能會否認自己遇到問題。此時的我們不會認真考慮改變，任何人若嘗試伸出援手，我們也會因防衛心作祟而拒絕。在這個階段中，我們往往根本不相信自己有需要改變的問題。

　　2. 意向階段：我們意識到問題存在，但還沒有準備好或者沒有足夠信心做出改變。處於這個階段時，我們很可能會執著於「利弊」清單，不停權衡改變習慣的好處和壞處。我們可能會覺得，改變帶來的長期好處抵不過短期要付出的代價。

　　3. 決定階段：現在，我們決心改變，並意識到負面行為的嚴重性。這是尋求幫助的最佳時機（若身邊有其他人處於這個階段，也是你對他們伸出援手的最佳時機），因為我們可能正在研究可以尋求哪些幫助、如何改變行為，以及這個改變會對生活方式造成何種影響。最後一點很重要，不應該忽略，因為若是從意向階段直接跳到行動階段，可能會因為改變帶來的衝擊而增加復發的風險。

4. 行動階段：這是積極採取措施以改變行為的階段，我們的意志力很強，除了採取行動，也會制定計畫，以防內部或外部壓力導致復發。我們會與親密的朋友、家人和（或）心理治療師交談，尋求協助。通常，處於行動階段的人會利用短期獎勵來保持動力，比如集滿星星就送自己一個獎品，或者外出聚餐來慶祝達到第一個里程碑。

這個階段非常重要，一次失誤往往會立刻導致復發，必須從頭再來。承認錯誤並立即回到正軌，將有助於我們更快進入下一階段。

5. 鞏固階段：透過上述階段成功改變行為的人都希望盡可能維持鞏固階段。在這個時期，我們成功避免了外部壓力和誘惑，隨身攜帶視覺或文字提示，提醒我們目前的進展。我們非常清楚復發的誘因有哪些，也知道一旦出現誘因該怎麼應對。

此外，我們也知道自己已經獲得多大的進步，若要在這條新路上繼續前行，就要不斷努力（持續自我省察、治療、社會支持、正念練習、小組分享等）。

6. 復發階段：恢復舊行為並放棄所有改變稱為復發，它與前期階段有非常密切的關聯。當我們進入復發階段，內心往往浮現很多罪惡感和消極的自我對話（尤其是先前曾長期處於鞏固階段），此時可能會導致更嚴重的復發

（「既然都已經破戒，再犯一次也無所謂」）。這就是要把復發納入改變階段的原因，為了將它重新定義為改變過程中常見而自然的一部分，而不是「失敗」。

進入復發階段後，重要的是找出誘因並制定預防措施，避免將來再度觸發這些誘因。此時你可能需要與協助你改變的人談一談，並重申改變行為的決意。如此一來，我們就可以避免再次陷入前期階段，而是直接進入意向階段，並為了行動階段制定計畫。

有時候，當我們深深陷入消極行為或習慣中，很難確定自己是否真的想改變。要是還有親朋好友牽涉其中（例如，和朋友一起酗酒），情況就更不樂觀了，畢竟他們沒有和我們待在改變的同一個階段中。此時心理治療師可以從旁協助，堅定我們改變的決心，並在外部誘因出現時（比如朋友逼迫我們「只喝一瓶啤酒」）加以控管。

> 在跟我同齡的人當中，我覺得女性比男性更願意談論心理健康議題，談論它並表達感受已經成為一種潮流。我真的很為那些男性友人擔心，不過，我敢說近幾年羞於提起心理健康的狀況已經減少了。
>
> 珍，24歲
> 澳洲西部珀斯市

練習 改變的各個階段

你能不能確認自己處於哪個階段？在下表中寫下你希望改變的行為及目前所處的階段。

希望改變的行為	我目前所處的階段	日期
咬指甲 （因為看起來很噁心，也不是應對焦慮的健康方式）	**意向階段** （我知道自己需要戒掉這個習慣，但考試快到了，我知道一時還戒不掉）	2024.03.23

當你開始運用本書改變生活，你所處的階段可能會不一樣，大多都是進步，但有時候也會退步。在上表記下這些變化，不要忘了，就算是進兩步退一步，你還是前進了一步。

心理治療師無法說服我們接受治療、戒酒、戒毒、轉行⋯⋯但他們可以利用一種名為**動機式晤談**（motivational interviewing）的技巧，向我們提出正確問題，引導我們邁向意向階段與行動階段。

　　動機式晤談的主要目的是幫助我們釐清目標與價值觀和當前（有問題的）行為之間的差異，也就是找出我們目前的生活距離真正想要的生活有多遠。當我們清楚認識到自身行為無助於實現目標，我們就更有可能改變。

　　因此，不妨養成捫心自問的習慣：「這件事能不能協助我打造嚮往的生活？」如果答案是否定的，那麼是時候改變自己的行為了。

制定目標，改善心理健康

　　不妨利用一些時間，好好思考你想要打造怎樣的生活。目標可以幫助我們集中心力，並獲得生活的動力，讓我們成長並獲得成就。當我們在目標清單上打勾（無論成就大還是小），我們的多巴胺（大腦中的快樂激素）就會得到一點刺激，這正是完成待辦事項會讓人心情愉快的原因！

制定目標說來容易，但要學會達成目標很難。不妨運用下頁表，幫助你將人生的大目標分解為較容易執行的小任務。

以「SMART」法寫下目標，可供你輕鬆判斷何時會實現，並在下次設定類似目標時予以改進：

- **具體**（**S**pecific）：我想要實現什麼目標？例如「我想省錢」。
- **可度量**（**M**easurable）：我如何判斷它何時實現？例如「銀行帳戶達到 5,000 澳元時」。
- **可實現**（**A**chievable）：這真的是我能實現的目標嗎？我又該怎麼辦到？例如「是的，我每次領薪水時都可以存一些錢，進而實現目標」。
- **關聯性**（**R**elevant）：這個目標值得我努力嗎？例如「是的，這樣我就可以和朋友一起去度假了」。
- **設定期限**（**T**ime-based）：我應該何時實現這個目標？例如「我要在 12 月 1 日前為明年 1 月底的假期儲蓄 5,000 澳元」。

在本練習「我的目標」一欄中，上述內容可以這樣寫：「在12 月 1 日前儲蓄 5,000 澳元，以支付明年 1 月的度假費用」。

每完成一個目標，也就是朝更健康快樂的自己邁進一步。

▼接下頁

	我的目標	表現良好的部分
朋友		
家庭		
工作		
精神層面		
學習		
心理		
生理		
其他		

	可以改進的部分	為了實現目標 今天可以做的小改變
朋友		
家庭		
工作		
精神 層面		
學習		
心理		
生理		
其他		

當我們想要改變行為，可能是因為它對個人、情緒、人際關係或社會造成負面影響。事實上，它可能會讓我們離目標越來越遠，這也是我們感到不安的原因。

　　然而，關於嚮往的生活和現狀之間的差距，能意識到這一點是一回事，但能用語言文字表達出來又是另一回事，這時「一方面」技巧就可以派上用場。透過這個技巧，我們可以提出「這樣還是那樣」問題，就能輕鬆辨識兩者的差距。例如，「**一方面**，我想活得久，這樣就能親眼看到孫子畢業。但**另一方面**，我沒有在監測血糖，無法控制糖尿病，我又怎能活到孫子畢業的時候呢？」

　　妥善運用這個技巧，我們會明顯感覺到需要改變，從而邁入下一個階段。

　　若是尚未邁入改變的意向階段或決定階段，我們很難控制負面情緒，這正是動機式晤談非常重要的原因，它旨在揭露這些差距，幫助我們省思負面情緒。

　　然而，如果我們尚未接受專業治療，該如何利用這些技巧來實現終極目標呢？

　　永遠不要低估「利弊」清單的威力，不妨運用下頁的「一方面」自導式練習，以便考量接受治療是否值得。

心理治療對任何人都有幫助，你不需要找到天大的理由來證明它很值得。如果你不喜歡心裡的感覺，如果你覺得陷入困境，如果你感到不知所措，或者你只是對心理治療感興趣，那麼不妨嘗試一下。接受治療的唯一「錯誤」理由是別人希望你這樣做，但你自己的意願不高。如果你不願意嘗試接受治療，它就不太可能有效。

梅麗莎‧伯吉斯，臨床心理學家

接受心理治療	
利	弊
· 我可以學會改善心情的技巧 · 它或許可以幫我找到停止自毀的方法 · 除了我和心理治療師，我可以在任何人不知情的狀況下進行 · 我可以與中立的人談論我的人際關係 · 我終於可以處理年輕時的遭遇了 · 它可以幫助我理解為什麼我會有這種感覺 · 它可以幫助我了解我想要從生活中得到什麼 · 給予我建議和指導的是專家，而不是朋友或家人 · 隨著療程進展，問題會變得更容易解決	· 我必須在陌生人面前展現脆弱的一面 · 費用可能會很高 · 可能會讓我再次受到創傷 · 朋友可能會認為我「瘋了」 · 需要定期耗費一段時間 · 我會覺得很難熬且不舒服 · 我說不定會討厭心理治療師，或者被對方討厭

🖊 練習 利弊清單

你可能正在考慮進行某個改變，但內心有些猶豫，此時不妨運用下面的「利弊」清單。你列出的利弊越多或越重要，你就越有可能投入並堅持執行改變計畫。

我想要改變……	
利	**弊**

花點時間省思

有時候，我們不清楚自己需要改變什麼，只知道非改變不可。例如，我們可能覺得自己陷入了「困境」，卻不知道如何邁出擺脫困境的第一步。在這種情況下，省思提示可以幫我們找出內心深處對改變的渴望。然後，我們就可以改變自己的行為，將注意力集中在需要的地方。

至於什麼才是我們需要注意的地方，詳見本章後面的「生命之輪」練習。

✏️ 練習 省思提示

這些提示可以幫助你確認改變的意願和需要改變的事項，還可以突顯你的支持系統、能力和可以立即採取的行動，藉以提高自我效能，改善心理福祉。在本書中或用筆記回答下列提示：

- 哪些想法不斷在腦海中浮現？它們對你有幫助還是令你困擾？
- 你可以立刻採取什麼行動來提升自尊？
- 你喜愛自己哪一點？
- 你今天對自己有了哪些新認識？
- 在接下來的 365 天裡，你想實現什麼目標？
- 你感激的人是誰？
- 你會對 5 年前的自己說什麼？
- 是什麼持續吸引你的注意力？是你重視的人事物嗎？
- 今天你的身體有什麼感覺？

- 誰幫助你成為最好的自己，為什麼？
- 你今天如何調節情緒？
- 你今天玩了什麼？
- 你對什麼心存感激？
- 你今天可以滿足哪些精神需求？
- 你今天可以滿足哪些情緒需求？
- 你今天可以滿足哪些生理需求？
- 你最擅長的 3 件事是什麼？
- 如果要完全順從生活並活得充實，你首先會做出什麼改變？
- 你最自豪的成就是什麼？
- 有哪 3 件事會讓你的生活大大不同？
- 你克服了哪些困難？
- 你如何在日常生活中融入更多自己擅長的事？
- 對你來說，生活中最重要的是什麼？為什麼？

練習　生命之輪

　　我們可以運用生命之輪來檢視生活的各個核心層面，並了解哪些層面可能需要投注更多心力，以便我們更滿足。生命之輪改編自國際成功激勵學院（Success Motivation International）創始人保羅・邁爾（Paul J. Meyer）的著作。

　　內圈代表你在生命之輪的每個部分中如何看待自己（1 =「很差」，10 =「很好」）。標記後，把它們連起來，形成一個圓圈。

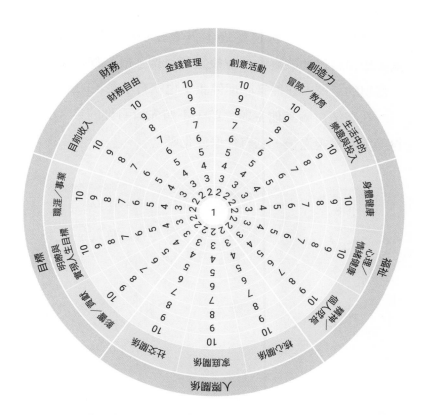

　　我們的目標是讓你的圓圈盡可能又大又廣，這代表廣闊和豐富的生活。透過標示可以看出哪些區域正逢低潮和低谷，以便你了解在接下來的 6 到 12 個月內應該關注哪些領域，進而擴展圓圈，讓生活平順一點，讓你的心更滿足。

到目前為止，你已透過本書學會心理治療的基礎知識，檢視自己的改變動機並設定了目標。既然你已認清想要實現的目標，在控管心理健康上也就有了長足的進步。

　　在繼續討論其他主題之前，不妨先看看你的自尊心。自從上回檢視過後，它有什麼變化嗎？

Chapter 6

你究竟是誰？

自尊與活出自己的價值觀

身為一個完整的人，我們如何看待自己，以及如何評價自己在世間所處的位置，這便是自尊。具有正向自尊的人對自己的行為和外表感到自豪，相信自己有能力實現目標，也相信自己是有價值和值得愛的人。而自卑的人則恰恰相反，他們認為自己沒有多大出息，也不值得擁有愛之類的美好事物。他們可能不會為自己的外表或者向世界展現自己的方式感到自豪。

自卑會讓人產生「我不在乎」的感覺，進而對心理甚

至生理造成負面影響。一個人若是自尊心低下，寧可當個微不足道的存在，此時可能會出現懶散和疲乏等症狀。懶散會導致肌肉無力和疲勞感，而負面情緒內化一樣會導致疲勞感，進而對身體造成傷害，比如強烈的罪惡感可能導致胃部不適。當我們面對並處理強烈的情緒，好比盛怒和深沉的悲傷，往往會讓我們再也提不起勁去過快樂的生活。

　　建立自尊除了要兼顧內外因素，還要注意一個變因：我們認為他人對我們有什麼評價，很容易影響我們的自尊心。正因如此，提高自尊才會顯得無比重要，若是某個外在因素發生變化——比如和心愛的人吵架，受到對方責備——此時自我價值就不會過度受損。心理治療的優點在於讓我們更了解自己，認清自己的價值觀，藉以建立高度評價的自我認同。

哪些因素會影響自尊？

　　1. 是否擁有基本人權：透過社會化、創造力、成長、目標和人際關係等層面，為生活增添意義和滿足感，有助於強化自尊。

　　值得注意的是，只有在基本需求得到滿足時，才有可能實現這一點，因此，對於那些生理、安全和保障等需求都得不到滿足的人（根據馬斯洛需求層次理論，參見第 2

章）來說，可以想見要建立正向自尊有多麼困難。

2. **被人對待的方式**：欺凌、虐待、創傷、偏見、汙名化、種族主義和孤立都會對自尊產生負面影響，尤其是長期或在人生易受影響的階段遇到這些情況，比如中學時期、換新工作初期，或在實現目標後沒有獲得正面成果時。

3. **社會期望**：自卑對處於各個人生階段的人都有影響，但青少年（特別是少女）面臨的風險更大，因為社群媒體、廣告和流行文化都對他們寄予社會期望，要求他們以某種方式待人處事。

4. **所處的環境**：自尊與自信非常相似。當我們在最愛的地方和親朋好友一起放鬆時，可能會感到心平氣和，對自己有很高的評價；但在公司簡報時收到惡劣回應，或者剛完成的任務收到負評，我們就會覺得緊張和渺小。

如今人們常透過社群媒體和他人比較，這個情況也對自尊造成越來越大的影響，必須滿足對財富、地位、身體形象和審美等不切實際的期望，無形中帶來龐大的壓力。

5. **生命中的艱難時刻**：自尊高低並非一生不變。當一個人失業、工作或學業出現問題、健康狀況不佳或罹病、感情破裂，甚至是年關將近都可能導致自尊降低。就在我們被擊倒再重新站起來的過程中，自尊會隨著生活經歷以

及與他人的互動而收縮和擴張。

　　自卑可能會導致心理狀況不佳，尤其是連續數日或數週對自己感到失望時。反過來看，患有心理疾病也會增加自卑感，因為我們可能會發現自己很難應付日常活動，或者很難採取措施來建立正向自尊。

　　如下表所示，自尊可以有正面和負面兩種表現形式。

良好的自尊	低下的自尊
抬頭挺胸	保持低調
「只要我放手一試，就能完成任何事情」	「我什麼都不擅長」
「我有愛我的朋友和家人」	「沒人喜歡我」
積極投入人際關係	迴避他人
知道自己什麼時候是對的，錯了就道歉	偏頗地自責，甚至為他人的失敗而自責
充滿希望	感到絕望
有良好的衛生習慣；不過度重視外表	不重視或過度重視外表
負責且安全地飲酒	為了「對自己的感覺好一點」而吸毒或飲酒
正面的身體形象：「我有魅力」、「我很強壯」	負面的身體形象：「我很醜」、「我很弱」
尊重自己和他人的身體	從事危險的性行為
頌揚自己的成就	輕視或貶低自己的成就
享受社交生活	避免社交生活
感到自信並展現出來	害羞，儘管有時表現得自信滿滿
待人處事有自信且直接	溝通困難

苛刻的內在批評

　　內心不友善的聲音可能是自卑最常見的表現形式。心裡有個非常刻薄的聲音，一遍又一遍訴說著我們不夠好、永遠沒出息，以及沒有人喜歡我們。就像雪球滾下山會越滾越大，如果一直聽下去，負面的心聲也會越來越大。當我們不知所措、受到批判、覺得苦惱或疲憊時，它會變得更大聲，加劇我們的憤怒和悲傷。

　　當我們處於消極狀態，很容易相信內心的批評聲浪，以致出現下列情形：

- 把內在聲音訴說的每句負評當真
- 避免自我挑戰
- 過分在意自身的錯誤和缺點
- 避免在社交和工作場合冒著被他人批判的風險
- 不自覺地忽視自己的優勢、能力和成就
- 往最壞的角度想事情
- 覺得自己不配得到快樂

　　以上這些聽起來很可怕，但內在有個批評聲音其實也可以算是好事，因為它能幫助我們進步。重要的是學會喜愛傾聽這個聲音，然後帶著好奇心提問：「我為什麼會這

樣想？」或「我為什麼會這樣對自己說話？」這個做法可以幫助我們繼續前進。

提升自我價值

不妨利用下列技巧提升自我價值和自我效能。

1. 設定社群媒體界限：社群媒體的目的是為了讓人們持續投入其中。除了滿足當個偷窺者的願望，看看其他人在做什麼，還有那讓人上癮的「點讚」和「分享」（兩者象徵我們在同儕間有高人氣），無不吸引著我們，使得我們總是漫不經心地瀏覽社群頁面並和他人比較。

建議你設定瀏覽社群媒體的時間，就選在你有餘裕處理情緒的那些時刻（剛起床通常不適合），即使它引發了任何情緒，你也有能力應付。此外，你也可以整理一下帳號，某些人的貼文可能常常引發你的負面情緒，不妨取消追蹤。

2. 對自己說正面的話，並用正面評價描述自己：勇於挑戰內心的批判聲浪，對自己說話時，把自己當成最好的朋友，口氣充滿愛與同理心。一開始會有點尷尬，不妨嘗試這個效果還不錯的方法：站在鏡子前，說出正面而肯定的話語，如「我是有價值的人」、「我很聰明」、「有人

愛我」。

3. 培養創造性嗜好：完成事項可以提高自尊，尤其是看到成果越來越好的時候。陶藝、繪畫或油畫等創造性活動不僅能讓人靜心冥想，還能因為完成任務而刺激多巴胺分泌。

4. 學習新事物：學習新事物也會帶來成就感，只要把注意力放在外界，內心的批評聲浪就會安靜下來，消極的自我對話也會停止循環。不妨想一想，有沒有什麼是你一直想學，而且今天就可以開始嘗試的事物？

5. 釐清自己擅長什麼：了解自己的專長，將這些特質列成清單並隨身攜帶，方便你隨時取出查閱，有助於提醒我們具備哪些自我價值，進而建立自尊。

6. 頌揚所有成就：確認並頌揚成就是一種感恩練習，有助於大腦從毫無希望轉為充滿希望。當你遇到或完成下列事項，不妨好好誇獎自己一番，包括：提前完成工作、週末天氣晴朗、準時交出作業、養寵物滿一週年、讀完一本好書……這些全都是了不起的成就！

7. 把事實和感受分開：要記住，你只是今天過得不順利，並不是一生坎坷。將感受與事實分開，就能控管內心的批評聲浪，培養正向自尊。不妨運用「蘇格拉底提問法」（參見第9章）和「RAIN處理法」（參見第13章）等練習。

8. 正向的飲食和運動：心跳加速會釋放內啡肽與血清素，進而改善情緒。蛋白質含有氨基酸，幫助人體產生神經傳導物質，在神經細胞之間（包括大腦）傳遞訊息，讓我們有效思考和學習。為大腦提供充足能量就是給它最好的機會，讓它提升你的心情。

9. 找到屬於自己的圈子：和那些善待我們的人在一起，可以培養正面積極的心態。要斷開不利於心理健康的親情和友情不是件容易的事，然而一旦成功，你會成為更快樂的人，這個結果非常值得。在人生旅途中尋找志同道合的人，他們會重視你的所作所為。與志趣相投的人在一起，我們更有可能茁壯成長。

10. 做自己喜歡做的事：這一點做起來就跟聽起來一樣簡單，因為小事就能讓你快樂。問題是，我們很容易忘記它們，而且終日被瑣事纏身，像一隻倉鼠在生活打造的滾輪上瘋狂奔跑。不妨找出你喜歡做哪些事，將它們放置在容易取得的地方，培養做這些事的時機。也可以運用第14章的「5件快樂的事」練習做為提示。

11. 志願服務他人：幫助他人可以消除我們的內心批評聲浪，因為關注的焦點是他們而不是自己。志願服務不需要花費太多時間，可以在本地社區進行，比如參加圖書館的朗讀活動，或者在愛心廚房服務。你可以連絡相關政

府機構，尋找適當機會。

12. **效法自己的偶像**：這個方案不能一直採用，但它可以幫助我們走上正確道路。找出你欽佩的人，列出你欽佩對方的原因。他們是否無憂無慮？他們看起來不在乎別人怎麼想嗎？他們是否一直在學習，或努力保持進步？你喜歡他們的行事作風嗎？你喜歡他們給你的感覺嗎？你越關注他們的正面特質和價值觀，越有可能找到自己的價值觀。

13. **接受生活的高低起伏**：沒有人的生活是完美的。每個人都會經歷人生的高潮和低谷，有些人比其他人還要志得意滿，也有些人比其他人更灰心喪志。生活不可能處處都是最高峰，接受這個事實是一種屈服，遇到有點糟糕的情況時，潛意識會告訴我們無妨，畢竟彩虹只會在雨後出現。

14. **確認對你來說最重要的是什麼**：了解並遵循價值觀來生活，使得我們更容易提升內在的自我價值，因為我們知道自己走在正確的道路上。

在後面幾頁中找出你最認同的價值觀，藉以提醒自己鎖定人生目標，不去聽那些對自尊造成負面影響的噪音。當我們滿足於真實的自我，盡可能活出自己的價值，其他人的意見對我們的影響就會小得多。

你重視什麼？

　　價值觀幫助我們確認生活中最重要的人事物，影響我們的決策，賦予生活的目標。它們是我們生存的原則，當我們盡可能忠於原則時，就會對自己抱持最正面的評價，特別是在我們陷入困境，價值觀受到同儕壓力或環境挑戰時。

　　以下是一些在行為中體現價值觀的例子：

* 重視「創造力」的人在辦公室從事資料輸入可能會覺得創意被扼殺。
* 重視「關係」的人可能交遊廣闊，與朋友定期聚會。
* 重視「美感」的人可能會在清晨散步時停下來欣賞日出或花朵。
* 重視「家庭」的人可能會常常與家人圍坐在餐桌旁吃晚餐。

　　價值觀對不同的人可能有不同含義。例如，某個重視「自由」的人可能喜歡單身及環遊世界。然而，對另一個人來說，「自由」可能意味著不受家庭、政府、社會或文化限制的生活。

　　但請記住：價值觀不一定都是積極正面的，「勝利」

可能意味著為了獲勝可以不在乎身邊的人，而「忠誠」可能會導致我們一直和那些苛待我們的人在一起。

────── 🖋練習 找出你最認同的價值觀 ──────

　　找出那些最能與我們產生共鳴的價值觀，可以幫助我們了解這一生最渴望的是什麼，並提升幸福感。如果我們能真誠地說，目前的生活與自身的價值觀相符，我們可能會對生活更滿意，也更有能力應付逆境。

　　以下是價值觀概略列表，請圈出最能與你產生共鳴的價值觀，看看你是否能歸納出任何模式或共通點。

- **接納**：被別人接納
- **達成**：獲得勝利；完成任務；獲得成功
- **責任**：執行別人委託的事務；有責任心
- **準確**：正確或精確
- **成就**：憑藉技巧、努力、勇氣完成某件事
- **適應**：能夠適應新情況或環境
- **利他**：無私地關心他人
- **志向**：獲得成功的欲望和決心
- **風趣**：幽默感
- **堅定**：真誠且尊重地說話表達
- **注意**：密切關注

- **察覺**：注意周遭情況
- **平衡**：平均分配自己的活動和時間
- **美麗**：欣賞任何形式的美
- **大膽**：願意承擔風險並以創新精神行動
- **勇敢**：具備勇敢的性格
- **才華**：擁有天賦或天資聰穎
- **冷靜**：心情平和
- **坦誠**：開放、誠實、坦率
- **才能**：有力量和能力完成某些任務
- **細心**：注意避免錯誤
- **確信**：有信念、信心

- **挑戰**：對於能力考驗樂在其中
- **慈悲**：自願幫助他人
- **清潔**：保持乾淨、整潔、衛生
- **聰明**：天資聰穎或機智
- **舒適**：保持身體輕鬆舒服
- **投入**：為理想或人事物奉獻一己之力
- **常識**：展現良好的判斷力
- **溝通**：分享和交換訊息
- **共同體**：與具有共同興趣、個性特質或同區域的人在一起
- **同情**：關心他人
- **勝任**：能夠有效率地做某件事
- **專心**：能夠集中注意力
- **信心**：相信某事；相信自己
- **連結**：與其他人事物建立關係
- **覺知**：保持察覺、回應
- **一致**：行為規律、穩定
- **知足**：感到幸福、滿足
- **奉獻**：為他人獻上時間、精力、物品或金錢
- **控制**：擁有權力，對他人行為具有影響力
- **堅信**：懷著堅定的信念、觀點
- **合作**：與他人一起為同一個目標而努力
- **勇氣**：勇敢面對恐懼、痛苦、悲傷
- **禮節**：對他人有禮貌
- **創造**：打造某個事物，使其存在
- **創造力**：有創意、想像力
- **可靠**：被信任、被相信
- **好奇心**：想要學習、了解
- **果斷**：快速而自信地決策
- **致力**：投入一項任務或目標
- **可信賴**：值得信賴和可靠
- **決心**：有堅定的目標
- **獻身**：深愛或忠於一個人或一項活動；宗教崇拜
- **尊嚴**：值得受人崇敬或尊重
- **紀律**：遵守規則、行為準則
- **發掘**：發現和學習新事物
- **動力**：有志向，渴望前進
- **效力**：獲得成功
- **效率**：有組織力、能力
- **同理心**：理解他人，對他人的心情感同身受
- **賦權**：增加並賦予權力、控制力
- **耐力**：禁得起困難環境或過程的磨練
- **精力**：有力量和活力
- **樂在其中**：在任務中獲得樂趣

- **熱情**：感到熱切的樂在其中，興趣濃厚
- **平等**：相信地位、權利、機會平等
- **道德**：具有強烈的公平感和道德感
- **卓越**：在特定領域表現優異或傑出
- **體驗**：實際參與活動和事項
- **探索**：研究陌生領域、想法
- **表達**：讓別人知道自己的想法和感受
- **公平**：相信所有人都應受到公平的對待
- **信念**：擁有完全的信任與信心；信仰宗教
- **名氣**：名聲廣為人知
- **家庭**：與血統上或選定的近親保持連結
- **無畏**：沒有焦慮或恐懼
- **勇猛**：在活動中擁有極強的能力或力量
- **忠誠**：忠於一個人或理想
- **專注**：有決心，心無旁騖
- **遠見**：能夠預測未來可能需要什麼

- **堅毅**：有意志力，尤其是在逆境中
- **自由**：不受人、地、事物的限制
- **友誼**：與朋友保持有意義的連結
- **樂趣**：體驗享受、娛樂或輕鬆的快樂
- **慷慨**：與他人分享禮物、技能或時間
- **善良**：品格優良，有德行
- **優雅**：展現有禮貌的善意；行動優雅
- **感恩**：懷著感謝、感激的心情
- **偉大**：卓越、傑出
- **成長**：逐漸而積極地提升或改變自己
- **幸福**：感到滿足、快樂
- **努力工作**：支付帳單；付出努力；持續忍耐
- **和諧**：形成令人愉悅、一致的整體；保持平衡
- **健康**：生理與心理均感到健康
- **誠實**：做人真心誠意
- **操守**：了解並奉行合乎道德的事
- **希望**：渴望並相信未來的某件事物
- **謙卑**：對自己抱持謙虛的看法

- **想像**：運用頭腦發揮創意、足智多謀
- **提升**：讓自身及處境變得更好
- **獨立**：不依賴他人；自由自在
- **個性獨特**：以不同的特質或個性與他人區分開來
- **創新**：擁有新的想法、做事方法
- **洞察**：有準確、深刻的理解力；感知能力強
- **靈感**：賦予正面、有創造性的感受
- **誠信**：為人誠實；有道德原則
- **智力**：獲取並應用技能和知識
- **強度**：有力量和能力
- **直覺**：憑本能行事
- **玩世不恭**：不會過度認真看待事物
- **喜樂**：感受幸福、極大的快樂
- **正義**：相信所有人都應受到公正與公平的對待
- **仁慈**：對人友善、慷慨、體貼
- **知識**：獲取事實、訊息、技能
- **守法**：遵守社會規範，尤其是執法部門制定的規則
- **領導**：在團體或組織內指導成員；階級制度

- **學習**：透過學習、體驗或接受教導來獲取知識
- **邏輯**：相信推理、事實
- **愛**：對朋友、家人、寵物、事物有強烈感情
- **忠貞**：有強烈的協助感、忠誠感
- **精通**：對某一學科擁有全面知識；能夠控制某事或某物
- **成熟**：行為符合年齡，或具備超齡的智慧
- **意義**：尋找重要或有價值的特質；有目的
- **適度**：避免極端
- **動機**：有理由採取某些行動或從事某些行為
- **開誠布公**：沒有秘密；坦率
- **樂觀**：對未來充滿希望和信心
- **秩序**：偏好安排順序、模式、方法
- **組織**：計畫、安排
- **獨創**：新穎、與眾不同；獨立思考，富有創造性
- **激情**：強烈的情感，通常是正向的
- **耐心**：可以容忍事情延誤、問題和痛苦而不惱怒

- **平靜**：不受干擾；心平靜氣
- **表演**：展現技能或才華；娛樂大眾
- **堅持不懈**：克服困難繼續前進
- **嬉戲**：輕鬆愉快；玩得開心
- **風度**：優雅、高貴
- **潛能**：具有潛在的特質或能力，有發展空間，未來可望成功
- **權力**：影響他人或事件
- **活在當下**：專注於當前
- **生產力**：從事一些行動以打造成果
- **專業精神**：在工作場所採取適當的行動
- **繁榮**：獲得成功；興旺
- **目的**：有決心或毅力；知道為什麼要做某事
- **重視品質**：欣賞優質或精心打造的事物
- **現實**：接受現狀；準確地展現人或事物
- **理性**：合乎邏輯地思考、理解及判斷
- **廣獲認可**：因成就、服務、能力而受到讚賞或肯定
- **娛樂**：優先考慮休閒活動
- **受人景仰**：因能力、特質和成就而受人欽佩
- **責無旁貸**：主動承擔行動或職責
- **克制**：調節行為；自我控制
- **成果**：從事活動後取得實質結果
- **尊重**：在乎他人，表現出尊重的態度
- **嚴謹**：極為徹底、仔細
- **風險**：將自己置於危險之中；冒險
- **滿足**：實現願望、期望和需求
- **安全**：遠離危險或威脅
- **自力更生**：不依賴他人
- **無私**：關心他人的需求和願望勝過關心自己的需求和願望
- **體貼**：關懷並回應他人
- **寧靜**：平靜、安詳、了無牽掛
- **服務**：幫助他人；為他人服務
- **分享**：與他人共用或共享事物
- **靜默**：體驗無聲、無干擾
- **簡潔**：欣賞簡約和明淨
- **真誠**：真心誠意；不做作，不欺騙
- **技能**：經常有能力做好某件事
- **孤獨**：有獨處的時間
- **靈性**：關注精神而非物質層面

- **自發性**：沒有計畫的行動
- **穩定**：平穩可靠
- **地位**：擁有較高的社會或職業位階
- **管理**：指導或照顧一個團體、組織或事業
- **意志力**：在壓力下擁有堅強的毅力
- **精心策劃**：優先安排和規劃
- **成功**：完成目標；實現目的
- **支援**：提供幫助，尤其是經濟或情感方面的援助
- **驚喜**：經歷意想不到或令人吃驚的事件
- **永續**：避免自然資源枯竭
- **天賦**：擁有天賦才能或技能
- **團隊合作**：有效、高效率地進行團體工作
- **仔細**：謹慎行事，注重細節
- **考慮周到**：體貼他人的需求

- **及時**：迅速、準時
- **寬容**：接受他人的信仰、行為和行動
- **堅忍不拔**：能夠應對困境
- **傳統**：堅守古人的信仰和習俗
- **安定**：擁有平靜的感覺
- **透明度**：開放、坦誠
- **可托付**：可靠，贏得他人信任
- **真實**：誠實；偏好事實、現實
- **體諒**：具有同理心
- **獨一無二**：非常獨特
- **團結**：成為複雜整體的一部分
- **英勇**：面對危險時充滿勇氣
- **勝利**：體驗成功、獲勝
- **強健**：體力充沛，身體健康
- **卓見**：以想像力或智慧規劃
- **活力**：強壯而有行動力；精力充沛
- **財富**：賺取或擁有大量金錢或財產

　　上述一些價值觀是重疊的，含義相互關聯。你是否發現剛才圈出的價值觀中有重複出現的主題？

　　接下來填寫下表，確認哪些價值觀對你來說最重要。

- 你「目前」最用心堅守的核心價值觀是什麼？

    1. _____ 因為 _____

    2. _____ 因為 _____

    3. _____ 因為 _____

- 你「最希望」自己堅守的核心價值觀是什麼？

    1. _____ 因為 _____

    2. _____ 因為 _____

    3. _____ 因為 _____

- 你「最不認同」的核心價值觀是什麼？

    1. _____ 因為 _____

    2. _____ 因為 _____

    3. _____ 因為 _____

- **什麼人事物「影響」了你的核心價值觀？**

    （如家人、朋友、信仰、導師、電視人物、你的文化……）

    1. _____ 因為 _____

    2. _____ 因為 _____

    3. _____ 因為 _____

    當我們忠於價值觀生活時，就會感到更加滿足和輕鬆。當我們違背價值觀生活時，就會感到不平衡、不快樂和不滿足。你目前遵循的價值觀與你希望持守的價值觀相符嗎？你可以做出哪些改變，讓生活更符合你最崇尚的價值觀？

當我們終於明白自己為什麼成為現在的樣子，只需對自己說「這不符合我的價值觀」，往往就能斷開消極行為和負面思維。事實上，價值觀就像指引方向的「北極星」，當我們遵循它們生活時，它們就能幫助我們打造夢寐以求的生活。

當我們按照價值觀生活，就能更輕鬆地應對各種不利情況。這並不意味著我們永遠不會悲傷或失望，但低潮降臨時，我們不會被壓垮，反而能夠勇於承受，為它們留出空間，並質疑它們是否符合我們的價值觀。如果不符合，我們就能更輕鬆地越過難關。

找出正面特質

既然你已經確認對你來說最重要的價值觀，不妨利用這股動力來建立自我價值，找出自己的正面特質。對一些人來說，這件事很難說做就做，因為就連在 IG 寫自傳都覺得不自在，更不用說談論自身所有正面特質。除非我們用心尋找，否則很難發現自己的正面特質。

────────── 🖊️練習 **我的正面特質** ──────────

運用下表找出你最正面的特質，並在內心批評聲浪最響亮的日子裡隨身攜帶。

我的正面特質	
我喜歡自己的原因……	
我的正面特質……	
我的人生到目前已經實現了……	
我擁有的才華天賦……	
我目前已學會的技能……	
他人喜歡並看重我的哪些價值……	
我和他人共有的正面特質……	
我擁有但經常忘記或忽視的正面特質……	
我其實沒有這些缺點……	
關心我的人會描述我這個人是……	

許多人發現，想要正面評價自己非常困難。學生時期，我們經常被要求低調，不可過於驕傲或「炫耀」。當我們進入職場，需要在領英（LinkedIn）撰寫自傳，或在面試中列出自己的正面特質時，仍會受到學生時期的影響。

如果你覺得上述練習有點困難，可以不斷重複過程，慢慢試著接受自己的優點。提醒自己，了解自己的正面特質並感到自豪，熱愛這些面向的你，並在表現很好時加以肯定，這都是沒有問題的。透過練習，你可以建立自尊，這絕對值得大大炫耀一番！

又到了檢查自尊心的時候，現在的你感覺如何？

自尊心評估表

☹ 2 3 4 5 6 7 8 9 ☺

Chapter 7

你好，小朋友

喚起你的內心小孩

當你活出最真實的自我，並按照價值觀生活時，你是怎樣的人？不矯揉造作，不裝腔作勢，還是不刻意展現儀態風度？沒有炫酷的標籤，也沒有背著象徵身分的名牌包或開著名牌車？那個在內心深處褪去世俗外表的你，究竟是誰？

成年人平均每天要做出 3 萬 5 千個決定。[1] 我們在生活中往往輕易做出各種決定，不會細想背後原因，彷彿僅憑肌肉記憶行事。然而，這些肌肉記憶又是誰的？

內心小孩是我們的一部分，在我們還弄不清楚情緒及精神層面發生什麼變化，他就已經在接收訊息了。潛意識承載我們的記憶、情緒、對過去的信念以及對未來的希望和夢想，內心小孩便是潛意識的一部分，幫助我們長成現在的模樣。然而，他也會是我們內在受傷的一部分，可能會導致我們對某些情景出現情緒（過度）反應，但對我們來說是觸發情緒的地雷，對其他人來說卻不一定。總之，這個小孩是我們需要面對的人。

內心小孩是誰？

小時候，我們處於向世界和周圍的人學習的階段，處理情緒的能力有限。如果在幼年受到威脅或遭遇某種創傷，我們無法以正確方式處理。長大成人後，我們表面上似乎已經「克服」創傷，但是，當威脅降臨或為人際關係所苦時，心底有個角落還是會出現孩子一般的反應。這個如同孩子一樣的部分便是我們的內心小孩。諮商心理師兼作家約翰・布拉德肖（John Bradshaw）曾說：「過去受傷的內心小孩是（現今）人類痛苦的主要根源。」[2]

布拉德肖所說的創傷是指童年時期未滿足的情緒、身體和精神需求，它們透過潛意識繼續威脅著現在的自我。例如，假使我們兒時曾因過於情緒化而受到羞辱，我們

可能會在團體中努力保持快樂和開朗，從不表現心裡的脆弱。換句話說，小時候我們壓抑了「感受情緒」的需求，長大後繼續隱藏，轉而努力為了他人變得堅強，忽略了自己的內心小孩。如果兒時我們只有在目標達成時才能得到父母的愛，成年後可能會將實現目標當做贏得愛的唯一途徑，並且尋求外界肯定來建立自我價值感，因而具有完美主義傾向。

如果內心小孩的需求仍未得到滿足，即使已經成年，我們也很難活出最完整、最真實的自己。

現在，試著想像一個你在電視上（或現實生活中！）見過最可愛的 2 歲小孩。那小小的個子站在地上仰望著你，就像縮小版的你。你的眼睛是這孩子的翻版，你們的髮型也很像，只不過你的是大人版，他的是幼兒版。他拉著你的上衣下襬問：

- 天空為什麼是藍色的？
- 卡車為什麼在路上開來開去？
- 人為什麼要工作？
- 我為什麼要有禮貌？

很多「為什麼」一下子拋過來，會讓我們不知所措，

甚至不耐煩。但是，如果我們和內心小孩玩遊戲，但不採多方提問，而是只探究某一類問題呢？如果我們深入挖掘特定的「為什麼」，會有怎樣的結果？

• 我為什麼會成為現在這個樣子？

　　內心小孩會記住從小到大所有好的和不好的經歷，往往還會留下一些暗示，比如當我們體驗到難以言喻的感覺[3]，像是聞到梔子花香，我們可能會感到喜悅，但不知道為什麼。

　　事實上，內心小孩（潛意識）記得一清二楚，3歲那年，祖母送我們最喜歡的泰迪熊當做生日禮物，她的香水聞起來就像梔子花。或者，公路上有一群摩托車呼嘯而過，可能會令我們感到害怕和呼吸困難，但自己並不知道這種恐懼從何而來。內心小孩則記得，兒時某個夏天，全家前往度假小屋的路上目睹多輛摩托車發生重大事故。或者，我們可能會因為在大學的一次團體活動中失敗而感到羞愧，但不明白為什麼只有自己深受影響，其他小組成員卻能一笑置之。因為內心小孩還記得，從小只要帶回家的成績低於「B」，我們就會遭到責罵，得不到愛。

　　潛意識的自我之所以被稱為「內心小孩」，因為他

始終存在於內心當中。如果我們在工作、養育子女、人際關係、財務或生活中其他方面感到困頓或沮喪，我們的內心小孩很可能需要一些關注——需要一個人來為他提供安全感。

內心小孩的特質

內心小孩有需要滿足的核心需求和需要培育的特質，以便我們以真實的自我活在當下。當這些需求得到滿足，我們就會覺得自己達到內外一致。

內心小孩的核心需求	經過培育的內心小孩特質
・**連結**：與家人、朋友的正向關係 ・**意義**：了解自我意識和自己在這個世界的位置 ・**安全**：能夠不被批判地表達意見 ・**自由**：自主選擇最適合自己的事物或活動 ・**刺激**：學習的欲望 ・**成長**：能夠面對挑戰並從中學習 ・**多元**：對新體驗抱持開放態度 ・**愛**：與他人相處時可以安全地展現出自己的脆弱	「我對許多不同觀點抱持開放態度」 「我很有創意」 「我會照顧自己」 「我相信希望時時存在」 「我會運用想像力」 「我尊重他人的界限」 「我不帶批判地觀察」 「我認可自己」 「我已經夠好了」 「我喜歡玩耍」 「我尊重自己的界限」

— **練習** 內心小孩 —

　　以下練習將幫助你找出內心小孩尚未滿足的需求，並一一滿足它們。運用下一頁的範本，假裝他是年輕版本的你（還有一個更好的方法，將你小時候的照片貼在該頁的人形圖上）。

- 內心小孩叫什麼名字？也許是你小時候的綽號或暱稱，把它大大地寫在頭頂上方。
- 內心小孩有什麼感受？畫出他的臉和流露的情緒。
- 什麼能讓內心小孩快樂？在圖形或照片左側畫一個氣球，在氣球裡面寫下 3 件讓他快樂的事。
- 什麼能讓內心小孩傷心？在右側畫暴風雨的烏雲，在烏雲裡面寫下 3 件讓他傷心的事。
- 內心小孩的希望、夢想和願望是什麼？在頁面任何地方寫下來，再畫一顆大星星把它包起來。
- 內心小孩在擔心什麼？把擔憂寫在腳下。
- 內心小孩如何領受愛？在他的胸膛畫一顆心，在心裡面寫下最能讓他感受到愛的方式。
- 什麼讓內心小孩獨一無二？為他畫上一些身體特徵、服飾、物品或配件，足以代表內心小孩獨一無二的特質和興趣。
- 最後，在頁面任何地方寫上大大的幾個字：「**我已經滿足了**」。

　　現在，影印一份你的「內心小孩」範本，放在臥室或辦公室顯眼的地方。你想對他說什麼？你希望他知道什麼？你今天可以做點什麼，讓內心小孩快樂？如果你覺得困頓，也許可以看看他，幫助他戰勝腳下的悲傷和憂慮，利用你在本書中學到的技巧和竅門，幫助他實現快樂和夢想。

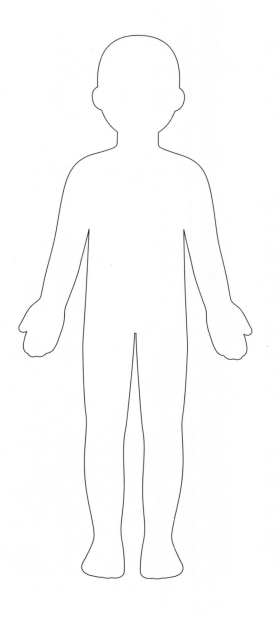

培育內心小孩的方法

現在，我們的內心小孩已經得到認可，接下來應該培育他，為他提供應有的愛和關懷。我們可以透過下列方式培育內心小孩：

- 給他一個空間，任何事只要能讓他擁有最好的感覺，都任由他去做
- 花時間玩耍
- 該休息就休息
- 被外界看到和聽到
- 尊重自己的界限
- 不帶批判地觀察自己的情緒
- 有紀律地實行自我照護
- 創作，如寫作、畫畫、雕塑

> 我透過自我肯定、自我同情、自我接納和自我撫慰來培育內心小孩！此外，我尋求適當的支援和協助，獲得尊重和肯定，保持真誠，採取正向有效的行為。像對待最好的朋友或小孩一樣關愛、尊重並培育自己，以善意、坦誠、鼓勵、同情和愛來達成目標。
>
> 艾希拉，26 歲
> 維多利亞州墨爾本市

好吧，但為什麼會這樣？

　　以下舉例說明，如何運用「為什麼」提問技巧，找出內心小孩帶來的感覺。

- 黛西（Daisy）奉命進行工作簡報時，往往比別人更緊張。**為什麼？**
- 因為黛西害怕同事會認為她很笨。**為什麼？**
- 因為黛西所謂的「朋友」小時候經常笑她笨。**為什麼？**
- 因為黛西在學校成績最差。**為什麼？**
- 因為黛西沒有時間像朋友一樣溫習功課。**為什麼？**
- 因為黛西必須養家，不得不超時工作。**為什麼？**
- 因為父母在黛西成長過程中相繼生病，所以弟妹是她撫養長大的。**為什麼？**
- 因為對黛西來說，家人比什麼都重要。

　　從黛西的經歷中，我們可以看出她對家庭的重視，她從小就把家人擺在第一位。我們還可以看到，她害怕在學業或工作上被「看見」，這是因為朋友們（那些她原本希望會支持自己的人）嘲笑她的成績。因此，黛西的內心小孩覺得自己成績不佳，迫使現實世界的黛西在職場避免成為眾人焦點。

黛西經過一番深思熟慮，發現自己對簡報的緊張源自多年前一次經歷，並意識到家人比什麼都重要，她可以轉換思路，藉以協助而不是阻礙簡報工作。黛西可以把原先的想法：「我沒辦法進行簡報，因為我在同事面前一定會笨手笨腳的」，轉換為：「我已經夠好了，順利做完這次簡報，我才能繼續養家」。

　　運用「為什麼」提問法，黛西的價值觀幫助她發掘什麼才是真正重要的。當我們探尋行為和反應（情緒）的最深處驅動力，往往會發現排在最前面的是內心小孩。當我們傾聽他的心聲並滿足他的需求，他就能幫助我們更健康快樂，並揭露「為什麼我會有這種感覺？」的答案。

　　內心小孩的概念可能不太容易理解，一旦我們徹底了解，它就會成為學習自我同情的好方法。不妨給予最幼小的自我應有的愛和關注，如此一來，我們更能夠原諒自己從前的作為，並帶著更直接、更重要的目的——也就是問問自己「為什麼」，繼續向前邁進。

Chapter 8

所有的感覺

身心關聯與控管情緒

你是否曾和媽媽吵架後感到燥熱不安？也許你曾在演講前覺得心裡七上八下，或在失去愛人後感到身體沉重？這些都是情緒和體感密切相關的證據，培養識別它們的能力則是控管心理福祉的重要步驟。

思維、感覺、行為

身體與情緒息息相關，以致於有些人對於內心感受還不明就裡時，就能透過生理症狀正確辨識。胸悶、牙關緊

咬或面色潮紅等生理症狀，都是強烈情緒的表現。

這裡要說明一個重點，並非所有情緒引起的生理症狀都是負面的。例如，幸福和愛帶來的暖心與輕鬆，可以抵消恐懼時偶爾出現在心底的沉重感。心理治療師為我們解明所有情緒引起的生理症狀，並傳授一些技巧，一來幫助我們排除那些無益的症狀，二來使我們認清並感激那些有助於提升心情的症狀，以便身心更加協調。

了解身心關聯的第一步是以尊重的態度保持好奇心。不帶批判地詢問自己有什麼感受；它在身體的哪個部位；它可能是什麼顏色；它的形狀、大小或質地是什麼。例如，當內心深處感到悲傷，它可能給人一種深灰色、流動而沉重的感覺，就像隨時會散開的厚重雲層，它也可能正緩緩地旋轉，讓我們感到不舒服。

情緒可能會讓我們覺得有點不舒服，但重要的是，情緒浮現時不要自我批判。每個人都有情緒，而且大多數人的感受方式非常相似。當我們自我批判，認為自己不應該有某種感受時，痛苦就會更為嚴重，除了正在發威的情緒，我們還會額外感到羞愧、尷尬和遺憾。這一點都不好玩。

為了避免負面情緒長久堆積，我們可以像關心朋友一樣關心自己。朋友情緒低落時，我們不會對他們說「你沒

有資格這樣想」，所以我們也不應該對自己說這種話。應該抱持正面心態，承認自己有情緒，告訴自己「我現在很難過，有這種感覺沒關係，這是我應有的權利」，如此一來就能建立自尊心。

接下來，請帶著情緒找個地方坐下來。

這意味著不要立刻嘗試振奮心情或消除情緒。阻絕負面情緒或從事其他活動（有時具有危險性）來分散注意力，這個做法或許相當吸引人，但只能提供暫時的緩解。

情緒會浮現在人的心中，也會透過生理症狀表現出來，連周圍的人都看得到。尷尬時，臉可能會泛紅；悲傷時，眼睛可能會湧出淚水；焦慮時，整個人可能會焦躁不安；羞愧時，可能會不經意地低下頭，避免與他人目光接觸。這些生理症狀很難隱藏，一旦被別人發現，就會影響我們的自尊，比如在面試或簡報場合，或與自己喜歡一陣子的對象初次接吻。

承認情緒不是要你呆坐著沉溺其中。傷心的人想暫時遠離朋友情有可原，不妨花些時間獨自進行能轉移注意力的活動，比如看電視和隨意瀏覽 IG。但這類做法無濟於事，反而會讓人更加悲傷，因為脫離了朋友和家人的圈子，沒有他們的支持，也就失去了生活樂趣。

> 擺脫內心感受就像試圖將沙灘球壓進水裡一樣，或許只需要稍微用力就可以把它壓在水中一會兒，但它還是會不停浮上水面。接下來，我想談談如何用對待朋友的方式來對待自己，如果朋友說他們很焦慮，我們不會輕易忽視，也不會立即嘗試分散他們的注意力，而是特別留出一些空間，討論為什麼會有這種感覺、已經持續多長時間，以及他們受到哪些影響。以這種方式留出一些空間來體驗和處理自己的情緒也會有助益。
>
> 梅麗莎·伯吉斯，臨床心理學家

我們可以學習一些技巧，稍微提升控管情緒的能力，情緒上來時，我們可以採取適當**回應**（respond），而不是直接對它**反應**（react）。學會在危機中保持冷靜或忍住眼淚，有助於分散情緒，不讓它掌控我們，然後等到適合的時機和場所再宣洩情緒。

這裡傳授一個訣竅：不管你想做什麼（好比在家裡耍廢），都要反著去做，例如從事一些積極活躍和（或）社交性的活動（比如與好友一起散步）。

────────── 🖊️練習 **相反行動** ──────────

「相反行動」是辯證行為療法經常採用的技巧，它鼓勵你進行反常的活動，強制關閉消極模式。人對情緒的反應都是與生俱來

的，因此你必須自覺地改變習慣並選擇相反的行動。

以下是一些負面情緒的例子，以及與它們相關的常見行動（行為）。

情緒	常見行動
焦慮	行程滿檔，保持忙碌
憤怒	尖叫，又踢又打
恐懼	躲起來，逃跑，避免會誘發恐懼的事物或活動，轉移視線
內疚	迴避他人，飲食不健康
悲傷	遠離他人，臥床不起，飲食不健康或完全停止進食
羞愧	低頭，不與他人來往，試著躲起來

以上的感受和行動都有充分理由。然而，如果你想要不同而更有彈性的結果，可以選擇進行相反的行動，並獲得正面感受。

負面情緒	常見行動	相反行動	正面情緒
焦慮	行程滿檔，保持忙碌	把星期天的自由時間留給自己或處理日常瑣事	平靜
憤怒	尖叫，又踢又打	閉上眼，深呼吸，然後走開	心平氣和
恐懼	躲起來，逃跑，避免會誘發恐懼的事物或活動，轉移視線	抬頭挺胸，接觸或從事會誘發恐懼的事物或活動	自信
內疚	迴避他人，飲食不健康	面對自己的行為，承認所犯的錯誤	滿足
悲傷	遠離他人，臥床不起，飲食不健康或完全停止進食	拜訪朋友或家人，散步，吃營養的餐點	快樂
羞愧	低頭，不與他人來往，試著躲起來	抬頭挺胸，融入人群	自豪

你越從事相反行動，大腦就越習慣以這種方式來回應。下表列出你可能會遇到的其他負面情緒，以及伴隨它們的常見行為。在「相反行動」欄位添加你下次遇到這些情緒時可以採取的行動，將負面情緒轉為正面情緒，進而打造復原能力。如果表中沒有列出你遇到的某種情緒，請自行添加到空白欄位。

負面情緒	常見行動	相反行動	正面情緒
無聊	漫不經心地瀏覽社群媒體，不餓也進食或吃零食		興奮
嫉妒	比較，批評		感恩
挫敗	放棄，逃避任務		有能力
緊張	躲起來，避免行動，取消事項或活動		平靜
無價值感	迴避他人，從事破壞性行為，自我傷害		有價值感

上述常見情緒在生理上很容易控制。然而，創傷是心理與生理上的累積，可能更難控制。創傷反應被激起時會出現「戰鬥或逃跑」條件反射，通常表現為渴望逃離、焦躁不安、心跳加速或出汗等。

如果我們經歷過創傷，並在從事某種活動或置身於某種情境時觸發了創傷經歷（例如車禍後聽見輪胎刺耳的摩擦聲），往往也會出現凍結反應，表現為無法下床、移動，或整個人僵住。我們能夠活在當下並與世界進行有意義的互動，全都是仰賴執行功能，但創傷反應會嚴重影響這項能力。

創傷情緒通常是創傷後壓力症候群的表現，它會留在身體裡，雖然現在的感受可能源自於昔日創傷，但我們不一定會體認到兩者之間的關聯。持續頭痛、慢性疼痛、神經質以及解離狀態（我們與自己和周遭世界脫節的感覺）都是創傷長久存留體內的例子，即使我們自覺已經「跨越」了創傷經歷。

這些影響通常是在我們想起創傷事件時被觸發，但有時候它們似乎會突然出現，這可能導致我們將記憶問題、胸悶、失眠、腦霧或肌肉緊張歸因於日常壓力和疲勞。事實上，遭遇創傷會縮小我們的「身心容納之窗」（window of tolerance），也就是處理壓力而不被壓垮的能力。

創傷知情（Trauma-informed）治療師透過長期暴露療法（Prolonged Exposure Therapy）或認知行為療法等循證方法（Evidence-based Method），協助客戶處理留在身體裡的情緒及脫離誘發創傷的活動。鑒於創傷會潛伏體內，我們無法透過邏輯推論，也無法輕易理解，因此心理治療師特別愛用動作療法（Body Work）來找出那些影響客戶的情緒，進而協助我們康復。

這裡介紹兩種動作療法，其一是創傷知情瑜伽（Trauma-informed Yoga），指導者接受過創傷反應方面的訓練，在安全的瑜伽室裡進行指導，幫助練習者處理潛藏在身體內的情緒。

其二是本體療法（Somatic Therapy），特別著重於身體如何承載和表達經驗。透過這些練習和談話療法，可以處理我們體內的創傷症狀，也可以調節神經系統，讓我們更接近重新正向融入世界的目標。

有個簡單的方法可以把深藏體內的情緒挖掘出來——帶著好奇心描述它（甚至為它命名！）從而奪回控制權。這樣一來，你不需要耗費太多心力就能把情緒當做一種入侵，而不是內在的一部分，並且輕輕鬆鬆擺脫它。

✐練習 挖出深藏的情緒

　　這裡提供一個如何挖出情緒的例子。你問的問題越多，分享的細節就越多，可以讓自己遠離負面情緒。第一欄是提示，第二欄則顯示某人感到悲傷的範例。

　　當你按照提示進行時，請在右欄第一列中畫出情緒。

內心感受到的情緒	範例：「悲傷」
· 你在身體的哪個部位感受到這個情緒？	我覺得它在胸口。
· 不妨把它從體內拿出來，放在房間裡——現在它在哪裡？	就在那邊，在地面低空盤旋。
· 這個情緒是什麼顏色？它只有一種顏色還是很多種顏色？	它是灰色，深淺不一，像泥潭或烏雲，很濃稠或厚重。
· 感覺怎麼樣？重還是輕？表面毛茸茸的還是很光滑？	它很重又光滑，有點溼。
· 你的視線可以穿透這個情緒嗎？它不透明還是透明？	我可以看穿某些部分，其他部分不行，它就像雲。
· 它看起來乾還是溼？	溼溼的，好像裝滿了淚水。
· 它是靜止還是在動？它是怎麼動的？	它的動作不大，緩慢而有節奏，像一團脂肪，但沒有顫動，只是四處流動。像液體一樣！

內心感受到的情緒	範例：「悲傷」
・它有名字嗎？	我想叫它悲傷先生。
・（名字）要你做什麼？它希望從你身上得到什麼？	悲傷先生希望我待在家裡，躲在被子裡，不要去找朋友，遠離一切。他希望我永遠待著，因為他一直在那裡。
・你想要對（名字）說什麼？	悲傷先生，我看到你了，很遺憾你在這裡，但無論如何我要出去，還要跟朋友見面，因為我不是悲傷的人，只是和你在一起時覺得有點悲傷。你留在這裡，我要出門了。

　　一旦挖出深藏的情緒，你可以再提出一些問題，繼續抽離體內的情緒，並揭露它以前阻礙你的方式，或者你以前成功控管情緒的方式。當你提醒自己曾經成功擺脫相同情緒，就會意識到自己有能力再做一次。例如，對於上表案例中的悲傷先生，你可能會思考以下幾點：

・悲傷先生以前如何限制你的生活？
・你曾經成功控制悲傷先生，如何又被他抓回來？
・悲傷先生這次如何阻礙你？
・是什麼在幫助悲傷先生再次給你帶來問題？
・當你對悲傷先生的抵抗力變得更強時，你認為悲傷先生為了留在你的生命中，可能會採取什麼樣的終極手段？
・過去你是如何擊敗悲傷先生的？
・悲傷先生不喜歡你生命中的誰？

上述問題有助你釐清誰是你的社會支持者，什麼因素「助長」了負面情緒（例如整天躺在床上），以及什麼事物可以繼續將悲傷先生與你分開。你並不悲傷；你只不過是被悲傷（悲傷先生）困擾的人，有時悲傷（悲傷先生）會控制你。

腸腦軸線（gut-brain axis）

聽說過「相信腸子」（Trust your gut）* 這句話嗎？這也許是老生常談，但其實有科學依據，因為大腦和腸道有非常緊密的連結，這要歸功於特殊的迷走神經。

迷走神經透過脊髓通路將胃腸道與中樞神經系統連接起來，雙向傳遞訊息。然而，這種交流並不對等。研究表明，只有 20% 神經訊號從大腦傳遞到腸道，卻有多達 80% 神經訊號從腸道傳遞到大腦。[1] 因此，腸道微生物群（好菌和各種微生物，幫助我們消化纖維、調節免疫系統和控制大腦健康）的健康狀況，會嚴重影響我們的精神和情緒福祉。

腸躁症、服用強效抗生素、食用過多甜味加工食品、壓力、缺乏優質睡眠、酗酒或吸煙過量，以及缺乏多樣化的飲食習慣等等，都會影響腸道健康，進而影響心理狀態。

---

* 譯註：意指相信直覺。

請找醫師諮詢你的腸道健康狀況，看看益生菌對你的腸胃、情緒和心理健康有沒有幫助。適當補充益生菌還可以增強你的直覺！

　　了解身心之間的密切關係後，我們便能以關注情緒的方式來回應身體的感受。下次當你肚子有點不舒服，或是癱坐在椅子上時，不妨靜下心來內省，問問自己是什麼原因導致這些感受。你的世界有什麼不對勁嗎？是否受到威脅？是否為某事感到尷尬？內省並找出感受的來源，往往能讓我們更加適應情緒，從而學會如何駕馭它們。

Chapter 9

人與人之間的重要連結

如何管理人際關係

「物以類聚」、「你就是最常相處的 5 個人的平均值」、「要了解一個人,只要看他交什麼朋友就知道了」……有太多名言警句都在強調一個人與誰親近非常重要,以及這些關係如何影響我們的生活。這是有原因的,「先天還是後天」向來是熱門的爭議,大家都想知道,究竟是遺傳還是環境因素與經歷對我們的人格特質影響更大。但有一點不可否認,與我們朝夕相處的人塑造了我們的信念、價值觀和幸福感。

無論是點頭之交還是深交，我們所接觸的人都屬於人際關係的一部分。從伴侶、朋友、家人、同事，到孩子的老師與咖啡館的咖啡師，再到寵物醫院的獸醫等等，我們與每個人都有關係。與這些人來往為我們的生活賦予意義，因為我們透過這些關係與群體保持緊密連結。

　　透過本書前半部的說明，你已經明白，正面積極的人際關係對我們的情緒、社交和生理健康等方面都有非常重要的影響。**人際關係**的反面是**自我關係**，也就是我們與自己的關係。

　　人際關係有助於賦予我們目標及降低孤獨感。少了人際互動，情緒健康就會受到影響，心裡只剩下失落感。試想一下這些情況：當咖啡師記得你的口味或主動喊出你的名字並問好；或者週五下班後搭公車，下車前司機祝你週末愉快，此時你的心情會多麼美好。這些微小的互動都會賦予我們存在感。

　　本章的目標是探討更深層次的關係，包括友誼、愛情與親情。雖然如此，也不要忽視晨間散步時對陌生人微笑所能產生的影響。

永遠都是好朋友……？

　　我們很小就被引導要用心培養友誼。嬰兒時期，我們

和父母朋友的孩子一起玩耍。在學校，我們有自己的朋友圈，會約喜歡的人出去，還會去好朋友家過夜。長大成人後，我們有大學朋友、職場朋友、休假出遊時認識的朋友等等。有些友誼會持續一生；有些友誼只在特定時期較為穩定，之後就失去了連結。

許多友誼都遵循心理學家喬治·萊文格（George Levinger）提出的階段理論，共有 5 個階段：相識、建立、延續、惡化和結束（終止）。我們的目標是在大多數關係中保持「延續」，比如維繫終生的友誼。然而，有時候某些關係並不健康，我們需要進入終止階段，以保護自我價值。[1]

比較和嫉妒是友誼中常見問題，尤其是在轉換人生重要階段之際。兩者都是因競爭心態而產生的情緒，可能與外表、財務成就、人生里程碑（房子、孩子、婚禮、伴侶）等有關。有意義的友誼來自由衷為獲得成功的朋友高興，但這不一定是聽到消息時首先浮現的情緒。訣竅在於不要讓嫉妒發酵和滋長，先承認心裡確實有這種感覺（「她的升職令我非常痛苦」），探詢嫉妒的來源（「一定是因為我也一直在努力尋求升職」），然後將嫉妒與你們的友誼斷開（「我可以為她高興，同時繼續努力」）。

「女孩要理財」（Girls That Invest）的聯合創始人馨

蘭・考爾（Simran Kaur）曾在 IG 發表如何應對嫉妒情緒：
「看到別人成功，證明我自己也有機會。」[2]

　　友誼中另一個經常引起不滿的原因是不一致，尤其是當雙方對這段關係投注的心力不對等。舉例來說，如果我們覺得每次碰面或聚會都是由我們主動發起，此時就會心生怨恨，導致我們懷疑對方對於這段友誼是否不像我們那般熱衷。當友誼或任何關係出現這類想法，不妨拉開距離來看，分析自身的想法和感受，可能會有幫助。建議嘗試後面的蘇格拉底提問（Socratic Questioning）練習，釐清你對一段重要關係的想法和感受。

────────── 🖋練習 蘇格拉底提問法 ──────────

　　當一個不受歡迎的念頭反覆出現，可能會令你煩躁不已。惱人的想法可能是理性的（「我想念前女友」）或非理性的（「我可以不費吹灰之力偷走這條裙子」），共通點是人們通常不希望它們繼續出現。

　　蘇格拉底提問法在認知行為療法中經常使用，它對非理性想法提出質疑，讓我們意識到這些想法多麼無益並予以制止。這個技巧的名稱源自古希臘哲學家蘇格拉底，他認為深思熟慮的提問讓我們從邏輯層面審視各種想法，以確認它們是否正當合理。

　　請參考後面範例，看看如何以蘇格拉底提問法應對「好友不想再和我做朋友」的非理性想法。

Q 困擾我的想法是……

A *印地不喜歡我，也不想和我做朋友了。*

Q 有什麼證據支持這個想法？

A *我傳了 3 次訊息，但沒有收到回覆。我在社群媒體看到他和艾莉莎在一起。*

Q 有什麼證據不支持這種想法？

A *他上週寄了 1 張生日卡片給我。他在 IG 傳迷因梗圖給我。*

Q 我真的全盤考量每個證據，還是只看支持這個想法的片面證據？

A *印地上週告訴我，他工作很忙，也許這就是他沒有回覆訊息的原因。印地的父母來城裡看他，所以他正在擔任導遊。艾莉莎認識印地的父母——他們小時候是鄰居。*

Q 我是否誤解證據？

A *也許是吧，有更多證據不支持我的想法。*

Q 這個想法有事實根據嗎？還是基於感覺？

A *基於感覺。我想念印地，太在乎他本週沒有回覆我。*

Q 其他了解證據的人會怎麼想？和我的想法不一樣嗎？

A *是的，他們會說印地只是剛好很忙，他很快就會回覆我。*

Q 這是我以前的習慣性想法嗎？為什麼？

A *偶爾會出現，我高中時期被霸凌，還被朋友圈排擠。我擔心和印地之間可能會再次發生這種情況。*

Q 這是我自己的想法還是從別人身上得到的？如果是後者，是否可靠？

A *這是我自己的想法，根據高中經驗得來的。*

Q 這個想法設想的是「可能」的情況還是「最糟」的情況？

A *最糟的情況，而且從證據來看，不太可能發生。*

看過前面的模式後，請使用後面的蘇格拉底提問範本來探詢困擾你的想法。每個問題會以不同方式提供協助，但你不一定要每個問題都問。

Q 困擾我的想法是……

A _____

Q 有什麼證據支持這個想法？

A _____

Q 有什麼證據不支持這種想法？

A _____

Q 我真的全盤考量每個證據，還是只看支持這個想法的片面證據？

A _____

Q 我是否誤解證據？

A _____

Q 這個想法有事實根據嗎？還是基於感覺？

A _____

Q 其他了解證據的人會怎麼想？和我的想法不一樣嗎？

A _____

Q 這是我以前的習慣性想法嗎？為什麼？

A _____

Q 這是我自己的想法還是從別人身上得到的？如果是後者，是否可靠？

A _____

　　如果你已經認真思考過自己的想法和感受，仍然覺得你們之間的關係有問題，那麼你可以找朋友談談，只要你覺得這是具有可行性又安全的做法。在中立的場合當面進行對話比傳訊息好，這樣才能透過語氣和語言同時進行溝通。以「我覺得……」這類開頭展開對話，而不是尖銳的「你……」這樣對方就不會覺得受到攻擊。在理想的友誼中，對方會聽完你要說的話，並告知他們最近或過去沒有好好經營彼此關係的原因。你們可以一起制定計畫，促進關係繼續發展。

　　如果是更為極端的情況，比如雙方撕破臉導致友誼破裂，可能會造成霸凌，進而嚴重影響我們的心理健康。當你與「朋友」來往感到羞辱、受虐或尷尬，可能需要重新考慮這段友誼，並與對方保持距離。

　　當然，友誼也可能因為人生階段變化（朋友為人父母，而你卻不想要孩子）、地理位置改變（你搬到國外）和競爭所需（你的工作太忙）而破裂。這些並不意味著友誼就此結束，你可以運用一些適當技巧來延續友好的連結。良

好友誼的常見特徵包括：

- **開誠布公**：當我們感到工作過於繁重，沒有那麼多時間與朋友相處時，不妨直接告訴他們。
- **信任和尊重**：尊重朋友的經歷，相信他們也會尊重我們的經歷。
- **穩定一致**：定期保持連絡和碰面，即使不是每天或每週。
- **付出時間並體貼相待**：抽出時間與朋友共度，或寄一張卡片慶祝某項成就。
- **積極傾聽**：練習良好的眼神交流並用於和朋友交談，在談話時放下手機；對朋友說的話感興趣並提出追問。
- **正面心態**：彼此分享快樂並讚美生活。
- **同理心**：朋友可能正經歷艱難的時期，理解和體諒對方的處境。
- **界限**：當朋友需要時間或空間時，尊重對方的意願，並在我們有相同需要時要求對方給予尊重。

只要雙方實踐這些原則，就可以鞏固彼此的友誼。

我們需要的不只是愛

愛情可以說是所有人際關係中最難以控制的一種，

我的大多數客戶都是因為愛情而尋求心理治療。約會遊戲有很多地雷，似乎每個月都會出現新的熱門用語，描述求愛過程中各種認知差距與溝通障礙（這裡僅僅舉出幾個例子，如撒麵包屑〔breadcrumbing〕、搞失蹤〔ghosting〕和當備胎〔benching〕）。

相關內容簡直可以另外寫一本書，但以下簡單明瞭列出你在愛情中可能面臨的核心問題及因應之道。

1. 溝通：無論是初次約會後以為很順利卻再也沒接到對方的消息，還是在爭論誰該去啟動洗碗機後陷入冷戰，我們都很容易察覺到人際關係出現認知差距與溝通障礙。

我們不可能確切知道別人的感受，而當他們的幸福取決於我們的坦誠和溝通時，我們就應該開誠布公地溝通，即使過程讓人有點不舒服。

如果你對某人不感興趣，一句簡單的解釋：「謝謝你花這些時間，我沒有感覺到火花，但希望你能找到意中人。」這是兼顧表達自身意願和尊重他人的一種交流方式。對這句話給予尊重的回應（「謝謝你讓我知道」），而不是出現激烈反應（「你在開玩笑嗎？如果你感覺不到火花，為什麼還要和我親熱？」）在回答會觸發情緒的問題、訊息或話題之前，先在心裡默數 3 下，你會更容易以

尊重的態度表達或回應，這 3 個節拍可以讓我們後退一步，做出更明智的溝通選擇。

2. 不忠：不管是我們不忠，還是別人對我們不忠，這都是一段關係中難以克服的問題，但人生在世難免會遇到。我們可能會背叛伴侶，因為這段關係少了什麼，好比時間、親密感、關注等。找出缺少的要素是出軌後與伴侶重新連結的第一步。信任是感情的重要成分，無論是背叛的一方已經付諸行動還是只有念頭，開誠布公談論不忠行為都很重要。

請挑一個中立的環境（不要在臥室或家裡），保留足夠時間（不要挑午休買咖啡的空檔）當面（不要透過訊息或電子郵件）進行對話。讓對方有足夠空間和時間來傾聽和回應，因為你知道這種事不可能僅憑一次談話就解決。

事後整理一下雙方的感受，對於未來要繼續走下去還是分道揚鑣，如果無法決定，可以尋求第三方調解。

3. 性與親密關係：在某些人看來，性與親密關係可能是非常私密的議題，因為它們涉及到我們最脆弱的時刻。

這些問題可能包括：對性生活的頻率和類型有不同看法，何時以及是否該保持一夫一妻或開放式關係，我們入睡時喜歡互相依偎還是需要屬於自己的空間，在公共場合表達愛意是否合適，以及床上功夫等等。當我們在臥室裡

處於赤裸、原始和脆弱的狀態，很難針對性與親密關係進行對話。

正因如此，有時候最好挑個中立的場所討論這類問題，不要在臥室裡談。重申你真的喜歡與伴侶親熱的原因，然後再次用「我覺得……」語句來切入主題，確保伴侶不會覺得受到攻擊。

曾經獲獎的性心理學家仙黛爾·奧登（Chantelle Otten）在《你從未受過的性教育》（*The Sex Ed You Never Had*）一書中提到：「發表意見和批評是兩回事，如果你告訴伴侶，你覺得有哪個地方不對，你比較喜歡別的方式，這只是發表個人意見，而不是批評。事後，不妨談談這為你帶來怎樣的感受，以及下次可以採取哪一種不同的做法。」[3] 記住，如果有人違背你的意願，強迫你進行某種親密行為，請告訴你信任的人，這種事絕對不能姑息。

4. **虐待和創傷**：愛侶的虐待或傷害令人難以承受，尤其是對方還順勢控制我們，使得我們難以發現自己受到錯誤的對待。

虐待分為身體及心理兩方面，前者包括打、踢、咬、推和未經同意的性行為。後者包括忽視、羞辱、控制、疏離、監視、將伴侶與他人隔離，以及故意說或做傷害我們的其他行為。

好友或公眾協助者（如警察）可以幫助你擺脫受虐，心理治療師則可以幫助你處理與創傷相關的自我價值感。你可以與協助者一同制定避免爭吵的計畫，也可以擬定安全退出關係的計畫。如果你沒有可用的支援系統，可以撥打全天候服務電話[*]。

5. 自以為是：在長期關係中，我們很容易變得自以為是，「蜜月期」的興奮感往往變成呆板的例行公事。許多人在這個階段都會忍不住想：換個人來愛會不會更美滿？尤其是當流行文化帶來不切實際的期望時，畢竟，電影中很少出現情侶或夫妻一起洗衣服或交電費的畫面。

伴隨自以為是而來的是缺乏感恩，我們會開始把伴侶當成室友而不是戀人。這可能會導致另一半出現怨恨，或者覺得沒有被「看見」和受重視。建議你可以定期安排約會之夜，或者使用「對話卡」之類的道具聊聊平常不會談論的話題，並且努力培養經常讚美對方的習慣，透過這些方法重新點燃關係中的火花。

6. 依戀：我們偏好在關係中表達和接受感情的方式，不一定和伴侶一樣。對方可能希望每天在一起，我們則享受獨立，並認為小別勝新婚。

＊譯註：台灣可求助的機構電話參見附錄。

一般認為，人的依戀風格反映幼年時期與照顧者的關係，包括：**安全型依戀**，這類人平靜、熱情並善於社交，往往很容易與他人連結；**焦慮型依戀**，這類人害怕被拒絕、自卑、需要不斷獲得保證；**迴避型依戀**，這類人獨立、自尊心強、迴避親密感、難以承諾；**恐懼－迴避型依戀**（也稱為混亂型依戀），這類人希望被愛，但由於不信任，往往很難讓任何人踏進他們的世界。[4]

　　我們的依戀風格可能會隨著時間而改變，不妨試著了解自己和伴侶的風格，如此一來更能掌握彼此的需求、喜好和反應。焦慮型依戀的人可能需要獲得伴侶全心全意對待他們的保證，而迴避型依戀的人可能不會回應伴侶對這類保證的需求，因為這讓他們覺得被困住或遭受必須做出承諾的壓力。了解各種依戀類型會伴隨哪些行為，有助於避免誤解。

　　7. **財務**：金錢問題會嚴重影響感情。如果我們在花錢和存錢方面與伴侶有不同想法，就會導致關係緊張。這包括刻意隱瞞某種與財務相關的行為，比如在伴侶不知情的情況下賭博。

　　然而，價值觀不同不是導致金錢問題的唯一原因。事實上，隨著食品雜貨、電費和水費不斷上漲，多達三分之一以上澳洲人的親密關係受到生活成本壓力的影響也就不

足為奇了。[5] 定期並坦誠地討論財務問題和金錢觀，有助於緩解因片面認定雙方想法一致而帶來的任何問題。有些伴侶可能會定期舉行財務商談之夜，一起查核各項預算；其他人則為共同支出設立共同帳戶，個人帳戶則應付私人支出，目標是制定一個雙方認可的計畫，並在財務方面對伴侶無所隱瞞。

8. **爭吵**：情侶或夫妻會為了小問題爭吵，比如一方把茶包丟在水槽裡；也會為了大問題大吵，比如一方不忠。無論爭吵的原因是什麼，迅速解決問題是避免小爭執演變成大吵的最好辦法。如果可以的話，在做出激烈反應前先深呼吸。一旦你覺得自己可能會說出後悔的話，那就立刻走開，事過境遷後務必要對伴侶說明，對方有哪些話對你造成了何種傷害。

人很難說出「對不起」三個字，但必要時道歉會發揮很大的作用，原諒和繼續前進的機會往往伴隨道歉而來。老一輩有句至理名言：「不要帶著怒氣上床睡覺。」透過清楚的溝通（「我覺得……」大法再度上場！）試著解決爭執，如果是大問題，可以找第三方調解；如果是小問題，可以向值得信賴的朋友或心理治療師尋求協助。

9. **觀念不一致**：你想要幾個孩子？我們應該多久與親戚來往一次？你介意我今晚再加班嗎？你的信仰和文化觀

念與我相同嗎？每週多少次性生活才算「足夠」？回答這些問題可能會暴露關係中的不一致。這些問題雖然重要，而且我們可能會堅持自己的立場，但感情的基礎是互相讓步。針對生活的某些方面進行討論，有可能找出折衷方案，除了可以兼顧雙方的立場，彼此也願意為折衷的目標貢獻一己之力。

例如，一對夫婦可能會決定每兩週舉行一次家族聚餐，原本一方希望每週一次，另一方希望每月一次，而兩週一次便是經過討論的折衷方案。然而，有時候協議就是無法達成，一旦我們非常重視的事發生這種情況，比如生孩子或在哪裡生活，我們或許應該好好審視這段關係，並決定要不要再走下去。

盡早認清並努力糾正這些核心問題，可以延長一段關係的壽命。這種事有時很難做到，尤其是當孩子或寵物之類的第三方牽涉其中，這也是許多人尋求心理治療（一方或雙方）的原因。如果你無法就診，不妨試試解決友誼問題的溝通技巧，針對令你痛苦的原因進行對話，也可以運用前文的蘇格拉底提問練習，找出你對這段關係的想法是基於事實還是感覺。

家庭連結

精神科醫師默瑞·鮑恩（Murray Bowen）認為，我們的家庭系統相當複雜，由直系和旁系成員組成，互相影響彼此的行為。[6] 鮑恩主張，一個家庭成員的需求和能力會影響所有成員，還會影響各成員之間的關係。例如，我們與某個特定手足的親密程度可能會影響我們與其他手足的關係，而父母之間的互動模式往往會為全家的互動定下基調。這雖然不能算是骨牌效應，但全都互相關聯。

當家庭部分成員的關係出現問題，可能影響到全家。許多友誼和愛情中存在的問題，比如缺乏信任、經濟差異、自以為是和缺乏溝通等，都可能存在於我們與家人的關係中。

然而，我們可以選擇與價值觀近似的朋友和戀人連結，但在家中不一定有選擇餘地。父母或祖父母的價值觀在你眼中可能相當「老派」，尤其是在性、教育或性別角色等方面，而你的阿姨或姑姑對性行為的看法可能跟你不同，兄弟姊妹對種族問題表達的觀點或許令你厭惡。這些衝突出現時，我們可以嘗試一些方法來處理與他們之間的關係：

- 避免提到會起衝突的話題，比如說即將到來的選舉或身

分認同。

- 與對方相處時，請其他家人到場擔任「緩衝」角色，以便分散注意力。
- 減少與傷害我們的家人相處的時間。
- 與伴侶商定一個參加家族活動的退場方案。
- 設定與家人互動的底線，表明你願意和不願意談論的話題，或者不能容忍他們哪些言行。

　　不幸的是，要完全斷開理念不合的家庭不是那麼容易，有時維持表面和諧就是最好的辦法。

當關係開始破裂

　　知道如何解決衝突是非常卓越的技能，有助於打造恢復力並促進更健康的關係。無論是同事、朋友、伴侶、家人甚至熟人之間發生衝突，如果不解決可能會漸漸惡化，越早緩解越好。

　　以下提供一些處理人際衝突的對策：

- 使用 SBI 回饋模式（見第 10 章第 2 節），清晰而誠實地交流感受。
- 同意採取折衷方案。

- 換位思考，想想對方的心情。
- 必要時互相原諒。
- 讓對話有進展（不要一直重複同樣的爭吵）。
- 在回應任何傷害性言論之前，先做一次深呼吸。
- 確認何時需要暫離現場。

　　如果生命中有個人令我們痛苦，應該問問自己為什麼。癥結點究竟是在對方身上，還是在他們所代表的人事物或關係上？也許他們擁有我們想要的東西，或是我們正在尋找的感覺。不妨捫心自問：「為什麼我看某人不順眼？」從而找出生命中可能缺少的東西，或者可能投射到他人身上的東西，這樣一來，我們可以更加了解自己。

　　這就是所謂的「**陰影探索心法**」（shadow work），透過這個技巧，我們可以認清潛意識拒絕接受的特質，以全新觀點接受完整的自我，不刻意掩飾缺陷。當我們愛並接受自己時，就能與周圍的人建立更穩固的連結。

重新開始

　　有時候，不管我們怎麼努力修補一段關係都沒有用。也許是受到某個朋友或同事欺負；也許是發現了愛人的秘密，再也無法以同樣眼光看待對方。當我們需要走出過去

的陰影並開始規劃目前的生活時，必須溫柔對待自己。

　　首先，要哀悼自己不再擁有的未來，這個未來包含即將結束的關係，以及與它相關的其他潛在關係（關於哀悼與悲傷，詳見第 14 章）。例如，在結束與伴侶的長期關係時，我們也可能結束了與對方生兒育女的未來，結束了與所愛的公婆的關係。接受並哀悼失去這段關係是向前邁進的重要一步。

　　為了讓日子繼續過下去，我們或許想要盡可能將這些人從心裡抹去。如果想要徹底「忘掉」某個人，可以設定一些界限，包括在社群媒體解除好友關係或封鎖帳號，也可以封鎖電話號碼，以免在孤獨的深夜時分收到對方的簡訊。此外，還可以要求朋友不要在我們面前提起對方。然而，雖然做了這麼多防範措施，他們仍會在我們最不想要時出現在腦海中。

　　在人生重要時刻想起某些特定對象其實很正常。這種情況偶爾會令人擔憂，比如有些人與新伴侶籌備婚禮時，總是會不由自主地想起前男友，但這是很常見的現象。如果你曾經想像與某個人攜手共度未來，那麼當你與新伴侶一同迎接另一個未來時，你會再次想起故人也算合情合理。此時不妨大方承認這一點並探求原因，然後繼續前進。

　　結束一段關係可能會讓人痛苦很久，對美好（和糟糕）

時光的回憶可能會在最意外的時刻一波波襲來。擁有穩固的支援系統、照顧好自己、好好感受情緒並尋求專業協助，這些都能幫助我們在關係結束後繼續生活下去。

> 剛訂婚時，我總是忍不住想起前男友。除了為此內疚不已，我還懷疑自己，如果無法停止思念初戀情人，那麼嫁給現在的未婚夫會不會是個錯誤。他每天都會在我的腦海中浮現，對一個忙著籌備婚禮的人來說真可怕！直到我和一位朋友聊天，她也在訂婚期間有相同經歷，動不動就想起前男友，我這才發現自己並不孤單。我們當下就明白了，這件事和前男友無關，只不過是我們想起了從前以為會跟他們共度的時刻，也就是婚禮。
>
> 莫妮卡，36 歲
> 澳洲南部阿德雷德市

　　人際關係在人的一生中占據重要地位，我們必須盡可能保持健康的人際關係。本章已經深入剖析，我們不一定能夠掌控人際關係的健康程度，但我們有能力設定界限，並盡量減輕負面情緒。不妨審視你目前的人際關係並判斷：它們真的讓我快樂嗎？如果答案是否定的，請想一想，你可以採取本章建議的哪些行動來改善人際關係，為自己打造更穩固的社會支持系統。

Chapter 10

保護自己

如何設定與維護自我界限

我們可能會盡最大的努力來維護心理健康,但周遭親友或同事不一定能做到這一點。在私領域和職場人際關係中設定界限並表達自身需求,有助於建立自我價值和拓展情緒寬容度。

界限是在他人和自己之間設定的分隔線。它不是有形的「牆」,不妨將它當成包圍和保護我們的無形柵欄。界限幫助我們了解自己的終點及他人的起點在哪裡,以及釐清何者屬於自己(信念、需求、感受、思想、身體和情緒

空間），何者又屬於他人。設定界限是許多人成年後學會的一種技能，也是對每個人都要為自己負責的一種認可。

　　人通常會在兒童時期透過學習而來的行為，培養好設定界限的能力。小時候如果我們被過度保護的父母剝奪了隱私，或者剛好相反，我們覺得永遠沒人管，可以為所欲為，那麼成年後可能很難設定界限。這樣的人可能會覺得別人都欠我「修理」，或覺得自己永遠不應該拒絕別人，或者我們必須為他人的感受負責。要完全擺脫這些信念可能很難，但確保情緒獲得正常調節是非常重要的事。

　　當我們沒有對如何運用精力設定界限，常常會出現精疲力竭的狀況。當我們無法滿足自身需求，而將精力耗在滿足他人需求時，往往會遇到這種問題。你可以把這件事想像成一個人每天有固定能量。如果沒有界限，我們可能會快樂地為周遭的人付出時間和精力，因而過度消耗自己，導致儲備的能量日漸枯竭。設定界限幫助我們守住能量，減少精疲力竭感，只需要適時說「不」或「現在不行」就可以了。

　　如果我們不珍惜自己的時間，或是過於大方地散播愛（沒錯，真的有這種事！）也就等於在向周圍的人宣告：我們的時間不寶貴，或者無論他們做了什麼，我們還是會永遠愛他們。為自己和他人設定界限，讓大家知道我們多

麼看重自己，並吸引那些認同我們價值的人進入生活圈中，凡此種種都能提高自我價值。尊重自己的能力，只做能力範圍內的事，我們就能擁有休息和充電的時間。

你可能會想，你只是喜歡送禮物、貢獻時間、寫信給朋友，或是為了趕專案加班到很晚。這很可能是真的（那很好！），但許多人並不是真正**想要**貢獻這些服務並過度分享精力，而是希望從中獲得**認可**。我們看重的不是**行動**，而是他人的**回應**，我們竭力想透過它們來證明自己的價值（而不是自我肯定），這就是所謂的「取悅他人」。

習慣取悅他人者很難設定界限，因為不希望害別人不高興，也不想被視為負擔。這世上沒有人想當「壞人」。這時不妨再度運用第 2 章的「控制力」練習，它可以提醒我們，有些事我們無法控制（別人對我們的看法），有些事可以控制（自己的反應和行為），我們的注意力應該集中在哪裡（後者）。

人第一次設定界限時心裡或許會不太舒服，若對方是心愛的人，我們會更難受。但這正是希望所在，即使處於不舒服的境地，也能感受到自身的強大，因為我們選擇了維護自我，並在關係中建立了期望，從長遠來看，這種期望將照顧到自己的需求。

在人際關係中，無論是朋友、同事還是家人，都不要

忘了自己身為人的權利。這麼做可以提醒自己，當情感需求沒有得到滿足，不妨設下界限。美國心理學家艾德蒙·伯恩（Edmund J. Bourne）擬定「個人權利法案」，幫助他的客戶認清在關係中可以主張的 25 項權利。請在下列各項描述中圈出你認同的部分：

1. 我有權要求我想要的東西。
2. 我有權對我辦不到的請求或要求說「不」。
3. 我有權表達所有感受，無論是正面還是負面的。
4. 我有權改變主意。
5. 我有權犯錯，沒有必要做到完美無缺。
6. 我有權遵循自己的價值觀和標準。
7. 當我覺得還沒準備好、形勢不安全或事情違反我的價值觀時，我有權拒絕。
8. 我對自己的事有權決定先後順序。
9. 我有權**不**對他人的行為、行動、感受或問題負責。
10. 我有權要求他人誠實。
11. 我有權對我愛的人生氣。
12. 我有權做自己。
13. 我有權感到害怕並說出「我會怕」。
14. 我有權說「我不知道」。

15. 我有權不給自己的行為提供藉口或理由。

16. 我有權根據自己的感受做決定。

17. 我有權擁有自己需要的空間和時間。

18. 我有權嬉戲和做些不太正經的事。

19. 我有權比周圍的人更健康。

20. 我有權在不受虐待的環境中生活。

21. 我有權交朋友並自在地與人相處。

22. 我有權改變和成長。

23. 我有權讓自己的需求和願望得到他人尊重。

24. 我有權受到有尊嚴的對待和尊重。

25. 我有權快樂。

　　提示：以上每一項都應該圈起來，每個人都有資格享有上述所有權利。

私領域的界限

　　在各種人際關係中，個人的界限都有可能被冒犯。朋友、家人、熟人甚至上雜貨店遇到的陌生人，其言行舉止都可能有意無意地觸犯我們的底線，進而影響我們的情緒。有時候大可以一笑置之，但這些行為若是出自心愛的人，我們就很難忘記。

當與我們有親密關係的人觸犯我們的底線，那就更難解決了。比如某個人讓我們感覺很不好，雖然心裡不想看見對方，卻因為生活在同一個屋簷下，不得不碰面。

　　我們可以打造私人界限做為**內在**柵欄，以控管情緒安全和福祉。**外部**界限通常很難設定，而內部界限則是我們盡力過好生活的必要條件。以下舉例說明外部和內部界限的設定：

- **場景**：馬洛一家每次見到表弟凱勒，心裡都不大痛快。每年聖誕節、生日和家族活動時，馬洛他們都會遇到凱勒，事後總是覺得很不愉快。
- **外部界限**：馬洛一家可以拒絕參加家族活動，這樣就不會和表弟碰面。但這個方法不一定可行，因為親戚希望他們出席，而且馬洛一家不介意和表弟以外的親戚相處——只有凱勒讓他們不高興。
- **內部界限**：馬洛一家可以決定避免在家族活動中與這位表弟接觸，轉而和他們信任的另一位家族成員親近。如果凱勒嘗試與馬洛互動，馬洛可以帶著微笑改變話題，或者將談話轉移到中性話題，讓其他成員也可以一起加入。

最好提前想好所有界限，一旦有人越界，我們就可以立刻採取行動。記住，這道內在「柵欄」不僅要把負面言行**擋在外面**（情緒邊界），也要把精力、注意力和愛**留在**我們最需要的地方（資源邊界）。

迅速進展 18 個月的戀情結束後，我發現自己與前女友處於相互依賴的狀態。我們成了沒有任何界限的親密朋友，我以為這種模式對雙方都好，直到她交了新男友，對方並不樂見我們繼續做朋友。我努力了一年，讓這個人不再介意我的存在，但沒有成功，我決定不再為了遷就他們而委屈自己。我把這件事告訴前女友，但她表示需要我陪伴。

雖然一開始很艱難，但我相信設定界限對雙方來說大有益處。不管是友情還是愛情，無界限關係都會為心理和情緒帶來壓力。想要維持這種關係，代價是犧牲自己的需求和心理健康——我覺得這種情況我們已經歷過了。

班，31 歲
維多利亞州墨爾本市

有效設定界限的 11 個步驟

1. 挑選時間和地點，一對一交流關於界限的話題：重要的是讓對方全神貫注聆聽，並且雙方都有足夠時間進行交流，這意味著不要選在午休時分。

2. 選擇交流方式：當面對談永遠是最好的選擇，這樣就能看到肢體語言流露的含義。然而，這個方式不一定可行，比如說雙方住得很遠或某一方感到不安全。退而求其次的溝通方式是透過視訊或電話，這有個額外的好處，當你覺得有需要，可以提早準備好提示卡，在過程中讀給對方聽，有助於貫徹目標。

3. 開口前先想好要說的話：對於你想要表達的心聲，事先準備好明確且關鍵的訊息並牢牢記住，可以確保你不會離題。首先提出你需要他們為你做什麼，禮貌而不是咄咄逼人地提出要求。開頭可以這樣說：「我需要拜託你⋯⋯」而不是「你下次何不⋯⋯」

4. 心中要有理想的結果：描繪一個雙贏的局面，可以幫助對方理解你的需要。告訴他們，你心中設想的場景是什麼，然後問問他們的想法，比如問合作對象：「你來之前先打個電話，我就能安排一起作業的時間，你覺得這樣如何？」表明你願意與他們合作，如果他們拒絕，就回到第 3 點：「我需要拜託你⋯⋯」

5. 直接告訴對方你想要什麼或不想要什麼：說明他們上次越界的**情況**（situation）、當下的**行為**（behaviour）以及對你造成的**影響**（impact），這就是所謂的 SBI 回饋模式，在設定界限時，它是不偏離事實的有效方法。[2] 例

如，「上次你不請自來，我正在做重要的專案，你的到來使我沒有足夠時間完成工作，讓我壓力很大。我需要拜託你，來之前先打電話問我有沒有空。」不要拐彎抹角，你說得越具體，別人就越有可能聽進去。

6. 表達時先提到自己，讓對方知道你的感受：「我覺得……那時你……」句型會比「你讓我覺得……」更不容易引發對方的對立。

7. 準備好面對對方的抗拒或抵制：當你設定界限是為了阻止對方做出某個常見的行為，這一點尤為重要，因為對方可能會大吃一驚，不承認你的界限，或是不明白原因，所以準備好應付他們對新界限的質疑或挑戰就顯得格外重要。請試著保持冷靜，然後繼續進行下個步驟。

8. 傾聽對方的說法，給他們時間表示意見：他們可能沒有意識到自己已越過你的界限，也可能是他們覺得是你先越過他們的界限，他們才會以相同方式回敬。如能抱持開放心態展開對話，將確保每個人都能獲得更正面的結果。

9. 經常對自己和他人重申你的界限：任何時候只要有人越界，都要重新與對方確立你的界限，態度務必堅決。可以放心採用這樣的句型：「就像我上次提出的請求，我需要你……」

10. 儘管如此，也不要覺得你必須過度解釋：如果對方問你為什麼要設定界限，可以簡單回答：「因為這是我現在需要的」或「因為我現在要把注意力放在自己身上」，這樣一來，你可以用尊重的態度回答對方，同時堅持立場。

11. 記住你的「為什麼」：當你覺得有人越過你的底線，不妨向內探詢，提醒自己為什麼覺得設定界限是第一要務。可以是簡單一句：「我受夠了」，也可以是對事件的具體陳述：「因為我自己有需要優先考量的截止期限」。

> 在我父母離異的頭幾個月，母親經常來電埋怨父親。有時候我在工作，為了沒能及時接聽她的電話而內疚，但有時我不得不拒絕她，因為我也正為他們的離異而傷心，沒有多餘的精力或時間再去承接她的情緒。
>
> 最後，我不得不向她道歉，因為我不能再任由她倒情緒垃圾了。她這樣談論我父親並不公平，特別是我還在努力跟他維持父女關係。她很沮喪，儘管這次談話並不容易，我還是設法說出內心的想法，我覺得她想要挑起我們父女之間的對立，但我更希望她去找專業人士諮商。
>
> 事隔多年，界限依然存在。我只是偶爾需要重申，而且越來越輕鬆，因為這些年來早已奠定了討論的基礎。
>
> 蘿拉，23 歲
> 塔斯馬尼亞州霍巴特市

設定界限的首要之務在於提供替代方案，而不是解釋。提出其他建議來取代對方要求你做的事，而不是給一個你不能（不想）做的理由。說聲「不」就已經是完整的表達，不需要過度解釋理由。比如你可以這樣說：「我今晚7點不能和你一起喝酒，我們5點一起喝咖啡怎麼樣？」但不要這樣說：「我7點不能和你一起喝酒，因為你一喝酒就開始嘴賤。」

職場的界限

私生活和職場的界限很容易變得模糊，尤其是當我們將自己的人格特質在網路上公開。這幾年由於疫情影響，無論工作還是上學都從以前的面對面改為線上模式，許多人後來又演變為兩者交替的混合模式，於是大家更頻繁地在網路上公開自身情況。當你在家上班，即使已經傍晚5點多，雇主還是有可能下令：「你能不能看一下我剛才寄給你的簡報底稿？」這正是你祭出高招的好時機，請立刻設定有效界限並以尊重的態度說「不」。

不同職場有不同管理模式和雇傭關係，這意味著我們需要根據自己和職場的個別情況設定界限。如果職業倦怠的症狀（滿意度下降、缺乏動力、憤世嫉俗、無助、無精打采等）開始浮現，不妨停下來喘口氣，好好思考在職場

可以設定哪些底線。把結論寫下來，不介意的話，可以跟屬下分享，這樣就能展開對話，大家一起著手解決這些問題，並確保我們的界限已清楚傳達並受到尊重。

> 由於權力不對等，對老闆設定界限似乎比對同事設定界限更難。員工可能很難對老闆的命令說「不」，但不分角色和階級，人人都需要為自己打造一個可以安心工作的環境。
>
> 與團隊一起合作很重要。在適當情況下提供替代方案，而不是一概拒絕所有可能越界的請求。
>
> 以同理心和體諒態度與老闆溝通，既能維持雙方之間良好的合作關係，還能守住自己的底線。
>
> 梅赫倫·迪索薩，註冊心理學家

在職場需要考慮設定的界限如下：

- 何時察看及回覆電子郵件。
- 下班後，你能為團隊提供多少時間和心力。
- 根據議程決定會議應持續多長時間。
- 你是否真的需要參加某些會議，或者看看會議摘要即可，以便留住自己的時間。
- 在哪些場所開會或與人會面，比如密閉房間、咖啡廳等；

這可能會根據對方在你心目中的安全級別而有所不同。

- 對於脾氣暴躁或有負能量的同事，你打算如何以及在哪裡與他們接觸。
- 在工作之外，你將與同事建立何種關係以及如何來往。
- 你與客戶和同事之間的截止期限如何設定，如何根據你的工作量調配截止日。

> 我領悟了一個道理：擁有良好的職業道德和為了獲取進展而來者不拒，兩者之間存在著微妙的界線。懷著努力工作的熱忱、對職涯有遠大的抱負、為熱愛的事物而努力，這些做法和心態絕對沒問題，但現在我意識到，為生命中其他領域保留元氣也很重要。對我來說，重要的是找到平衡，努力工作之餘，也要在其他領域發掘可以培養並樂在其中的目標。總之，我不再把所有雞蛋放在同一個籃子裡。
>
> 安德莉雅，38 歲
> 新南威爾斯州西雪梨區

◆練習 **安全空間**

內部界限有助於避免情緒失調，而外部界限則可以幫助你打造一個空間，讓你在裡面感受和認清這些情緒。

如果你有能力，在家中和（或）工作場所劃設安全空間，讓它成為你的庇護所。可以是一把椅子，也可以是整個房間，重要的是這個地方令你感到舒適自在。照你喜歡的顏色和質地擺一些毯子和

枕頭等軟性家飾，在附近放上柔軟的鞋子或襪子，以便你過來時可以立刻穿上（如果能準備穿起來輕鬆的衣服會更好）。設置音樂播放設備，讓心情平靜下來，哪怕只是用手機播放音樂也可以。為這個空間準備專屬香氛，可以點香氛蠟燭或放置擴香器，不妨挑選讓你放鬆的香味，或者能勾起愉快、正面回憶的香味。如果你喜歡閱讀，可以在椅子旁邊擺放你最喜歡並能提振心情的書。如果你比較喜歡聽播客，那就創建一份能讓你開懷大笑的播放清單（請不要從事任何違法活動）。

　　每當你覺得有必要，就來到這個空間舒舒服服地坐下，啟動你專屬的音樂、節目和香味，將最愛的飲料或食物擺在大腿上。當你安坐其中時，不妨透過各個感官注意，你發現到什麼？看到什麼？感覺到什麼？嘗到什麼？聞到什麼？聽到什麼？這可以讓你專注於當下，遠離情緒。

　　這段期間盡量不要接觸 3C。在社群媒體上無意識地「末日狂刷」（doomscrolling）*，很容易在一個又一個網頁間觸發情緒，但這個空間不是為了這些情緒而設。你已經為自己設定了界限，安全空間只屬於你和你的思維。

　　以下是一些可以考慮帶進安全空間的物品，你可以自行在清單中添加喜歡的項目。

　　提示：在工作場所打造安全空間不一定可行。若無法完全改造你的辦公小隔間，不妨想一想，前面清單列舉的項目中，哪些可以加進你每天待最久的地方。也許是一個小盆栽、迷你擴香器、柔軟的毯子，或是「超好聽音樂」清單，當你感到壓力或情緒排山倒海而來，可以靠它們緩解。

---

* 譯註：疫情期間出現的流行語，泛指人們透過社群媒體一直接收壞消息，過度沉浸於負面新聞中。

觸覺 | 柔軟的毯子、拖鞋或軟襪、念珠、寵物的毛、舒適的沙發

聽覺 | 布朗噪音*、聽了心情愉悅的播客節目、朋友的語音留言、很棒的播放清單、海洋或其他大自然的聲音

嗅覺 | 蠟燭或擴香器、鮮花、煮東西的味道、海洋或其他自然氣味、新鮮咖啡渣

味覺 | 最喜歡的零食或甜食、茶、咖啡或其他自選熱飲、嚼口香糖或薄荷糖

視覺 | 一本好書、風景或花園、善待你的親友的照片、寫上目標和夢想的願景板或載明目標和價值觀的使命宣言、植物發出的新芽

當別人不尊重我們的界限時

我們無法改變別人，但可以改變自己的界限、對他人的反應及親近程度。重要的是明白何時該遠離對我們不利的人事物。當我們一直努力堅持底線卻仍不受尊重，這就表明或許沒必要再堅持下去。

不要被「沉沒成本」捆綁，這個非理性觀念主張人必

---

* 譯註：布朗噪音（Brown noise）又稱為棕色噪音或隨機移動噪音，聽起來和白噪音很像，但更低沉。

須繼續做某件事，只因為我們過去對它投入了無法收回的成本。我們可能在一段友誼上「沉沒」了幾十年心力，在事業上「沉沒」了多年心血，或在家庭聚會上「沉沒」了幾個小時，但如果朋友、老闆或親戚持續越過我們的底線，讓我們覺得自己「被貶低」，那麼是時候決定要不要徹底離開了。不妨想一想，跟現在的底線被侵犯和情緒失調比起來，離開他們後，我們會不會更快樂？

> 當你在職場不斷遇到底線被侵犯，請注意你對這份職業的情緒和想法。當你在工作中不斷浮現疲勞、煩躁、被忽視等想法或感覺，如果是因為界限被超越，那麼這個工作場所可能會對你的心理造成傷害。也許你應該將問題呈報給主管，如果做不到，不妨換一個界限會受到尊重的工作環境。
>
> 梅赫倫·迪索薩，註冊心理學家

　　想要維持我們在這世界生存的能量，界限絕對是關鍵因素。務必認清一個重點：設定界限並不是要把別人隔絕在外，而是要有主見，確保我們的需求得到最大程度的滿足。我們可以審視在職場和人際關係中設定的界限，從而武裝自己，抵禦那些可能觸發情緒的外部因素。不妨想一想，今天你打算設定什麼樣的界限？

Chapter 11

釋放你的無限創意

藝術作為心理治療

　　還記得小時候在畫架上作畫的感覺多麼美好嗎？還記得你只用顏料、鉛筆和畫紙就讓腦海裡的畫面躍然紙上並栩栩如生，當下的心情有多麼愉悅？

　　藝術本身極具表現力，正因如此，它被人們當做識別和釋放情緒的工具。藝術可以幫助我們交流及重新調整注意力，一來緩解壓力，二來彰顯個性當中不為人知的部分，而且（最重要的一點）它可以用較為低廉的價格來完成，家裡隨手可得的物品往往就可以實現藝術創作。

現代心理治療常運用基於藝術的療法來跨越文化、年齡或認知上的鴻溝。寫作、繪畫、雕刻、舞蹈和歌唱都源於大多數人的共通語言，也就是創造力。這些療法將創作過程與治療技巧結合起來，以解決問題、緩解壓力、提升人際交往能力、改變行為和加強自我意識。

　　並不是所有人都能清楚表達感受、願望或界限。幼童的語言能力可能有限，而患有癡呆症的老人可能很難找到合適的詞彙。那些腦部功能或母語與大眾不同的人，以及曾經遭受創傷的人，可能也會發現很難表達內心感受。在這些情況下，無論是與他人交流還是簡單表達看法，都可以透過藝術療法來彌補差距。

> *創意無拘無束，不受限制，當我們踏進發揮創意的領域，便開始相信直覺。這就是藝術療法引導客戶走向復原的神奇公式。*
>
> 巴夏・漢納，澳洲勳位勳章（OAM）得主，國際輔助治療師協會（International Institute for Complementary Therapists）會員

　　2019 年，世界衛生組織（World Health Organization）發布報告，宣揚藝術對促進身心健康的益處[1]。報告指出，

藝術可以影響健康的社會決定因素*、協助兒童發展、鼓勵促進健康的行為、預防疾病和協助照護。報告還發現，藝術可以幫助為心理疾患所苦的人，為急症患者提供照護支援，協助神經發育和神經系統疾病患者，協助控管非傳染性疾病，以及支援臨終關懷。最重要的是，這份報告認可藝術在許多方面發揮重要作用，包括加強文化、社會關懷和衛生部門之間的合作結構與方式。

什麼是藝術療法？

我們不需要「懂藝術」就能把它當成一種療法。事實上，這是一種非常自由、不受批判的情緒表達方式。

當我們創作任何類型的藝術作品，幾乎都有隱含的意義，當中的隱喻和象徵有助於我們釐清可能感受到但未能釐清的情緒。例如，當一個孩子畫一幅「我的家」，畫面上沒有典型的藍天白雲，而是灰濛濛的天空，太陽則退到角落去，這可能代表孩子對家庭生活的恐懼、悲傷或害怕。這些異常狀況出現時，或許可以透過心理治療師的協助，找出我們對家庭生活的感受，但即使只是藝術創作並對作品進行自我分析，也有益於我們的心理健康和自我理解。

---

* 譯註：泛指無關醫療的其他社會性健康影響因素，比如收入、教育程度、住房、環境等。

功能

- 美感參與
- 發揮想像力
- 活化感官
- 喚起情緒
- 激發認知
- 社交互動
- 體能活動
- 參與健康主題
- 與醫療機構互動

反饋

- **心理**：加強自我效能、應變能力和情緒調節
- **生理**：降低壓力荷爾蒙反應，強化免疫功能，能從事較高強度的有氧活動
- **社會**：減少孤獨感和孤立感，增強社會支持並改善社會行為
- **行為**：增加運動，遵循更健康的行為，培養技能

成效

- 預防
- 提升
- 管理
- 治療

表 11-1　根據世界衛生組織，藝術與健康的關係。[2]

　　藝術治療不限素描或繪畫，也可以用黏土或陶土創作塑像，其他還有演奏樂器來釋放情緒、以舞蹈詮釋心情、寫詩並與親友或心理治療師討論（不討論也無妨）；或者參與其他表演藝術，比如木偶劇。任何選擇都好，重要的是找到令你感興趣的藝術形式。

以下列舉創意或藝術療法的例子：

- **藝術療法**：使用素描、雕塑、繪畫和其他藝術技巧，透過非語言的隱喻和訊息來詮釋情緒和行為。
- **舞蹈療法**：跳舞和隨意舞動，透過外在活動展現內在面臨的挑戰。
- **戲劇療法**：透過戲劇手段表達感受，練習有益健康的行為並與他人互動。
- **表達性藝術療法**：聆聽和演奏音樂、閱讀和寫詩、繪畫、寫日記、跳舞或雕塑，透過這些方式講述人生故事、加強人際關係和治癒創傷經歷。
- **音樂療法**：創作新曲，集體或一對一歌唱或演奏樂器；尤其適用於治療與身體疼痛相關的情緒，還可以改變情緒並減輕焦慮。
- **遊戲療法**：玩玩具或模型，藉以了解自身需求並解決問題，通常沒有指導原則或規則。

藝術療法的動人之處在於汲取並展現我們的內心體驗，透過書頁、紙張或黏土呈現出來。當深藏心中的經歷對外公開，也就變得更容易處理了。

創意獨具的大腦

　　藝術之所以能用於心理治療，因為它能調動創造力，使我們進入「心流狀態」。即使只是觀看別人的創作，也能讓我們對「存在」於這個世界有新的認識。[3] 這是因為創造性心流，當我們渾然忘我就會進入這種狀態，腦波和心率都會慢下來，新的想法油然而生。[4]

　　處於心流狀態意味著全神貫注投入活動中，不僅大腦功能產生變化，身體也會平靜下來，從而減少焦慮感。一旦身體變得平靜，我們就會更投入手邊的創造性活動，而且這種效果不會因為活動結束而停止。在整個過程中，我們不再對自己的想法那麼挑剔，而是變得更加勇敢。事實上，完成創造性活動的成效與實現其他重大目標相似，我們的多巴胺會激增，心情非常愉快，甚至充滿動力！這就是為什麼人一旦開始創作就很難停下來。

　　研究表明，創意對所有人都有用處。憂鬱症患者或與世隔絕的人可以透過創造性活動與自己的感受、文化或群體連結，而失智症患者可以透過藝術提升感官敏銳度，並與他們的人格重新連結。[5] 不喜歡畫素描或油畫？那麼你可以選擇創意寫作，幫助你克服創傷或負面經歷，進而管理負面情緒。[6]

　　藝術療法還有其他好處。冥想、正念和瑜伽不一定適

合每個人，但從事創造性活動也能帶來同樣的益處，因為處於心流狀態的大腦都有相似的運作模式。透過創造力培養正面情緒可以拓展眼界，讓我們注意到生活有更多可能性，對未來懷抱著希望。

藝術創作的整個過程都需要我們做出生活中可能不會面臨的決定，比如使用哪種工具、從哪裡開始，以及什麼時候結束。解讀最終結果並釐清這一切的意義是過程的一部分，有助於我們處理決策疲乏及創造意義。[7]

科技巨頭 IBM 對 1 千 5 百多位執行長進行研究，他們一致公認領導者最重要的特質就是創造力。[8] 事實上，受訪者都認為，善於發揮創造力的領導者更樂於進行顛覆性創新，考慮以不尋常的方式徹底改造事業，能從容應付尚未明朗的局面，並有足夠的勇氣和遠見做出改變現狀的決定。創造力讓我們考慮用其他方法來解決問題，這些方法可能是我們以前從未探索過的，它真的是生活中一大利器！

釋放創造力

只要掌握正確方法，就能輕鬆進入心流狀態。以下是建議採取的措施及應該避免的行為，以利用你的創造力改善心理福祉。

多做 **安排戶外活動**：到戶外欣賞大自然是培養創造力的好方法，尤其是當你仔細觀察每個細節。每次外出都給自己一個挑戰，確保你與自然真正連結。例如，在自然界找出 20 種紫色的事物，或拍攝 5 種形狀獨特的蜘蛛網照片。

少做 **時間限制**：限制創作時間會增加外部壓力，而這並不是你在創作時需要的。當你需要在 1 小時內抵達某個地方時，請盡量避免在這種情況下拿起畫筆或筆。

多做 **儀式感**：小小的儀式可以讓你踏入創意「領域」。不妨在每次創作時點燃相同的香氛蠟燭，並且聆聽相同的音樂清單，幫助你更快進入心流狀態。

感謝我的「無歌詞背景音樂」Spotify 播放清單，幫助我在撰寫本書時進入心流狀態。請掃描右方的 QR code 親自聆聽：

少做 **匆忙**：大腦需要時間從容地呼吸。在現代生活中，你很容易就能安排好每一分鐘並匆忙度過。事實上，沒有人告訴過你，成年人的待辦事項清單永遠沒完沒了（打掃家裡、整理花園、支付帳單、跟朋友聚會、預約看診……）即使你有一張寫滿了待辦事項的清單也無妨，但不要忙到忘記暫停，也不要忘了過你為自己打造的生活。

多做 **多樣性**：找一些與你的文化、背景或生活經驗不同的作者，讀一讀他們的作品；和朋友圈以外的人相處；聆聽不同風格的音樂。

少做 **單調**：你真的打算每天吃同樣的午餐，穿同樣的衣服，搭同樣的公車去上班？不妨將事物混合起來以增加多樣性，讓大腦接受不同的刺激，提高你的創造力。

多做 **冥想：**透過冥想進入心流狀態，可以讓頭腦接受新的想法並提高專注力。如果你剛接觸冥想，不妨試試引導冥想的 App 或播客。

少做 **數位連結：**從早到晚流連數位世界、瀏覽社群媒體並接受外部訊息轟炸，使得你很少有空聆聽內在的心聲。建議你關閉 3C 設備一個下午，回到最基本的狀態，只用筆和紙。

多做 **接受：**你不會第一天就成為傑出的畫家，不要因此而灰心。進入創作過程時，要抱持這樣的認知：無論作品好壞你都會接受，不帶任何批判，這樣一來創作就會成為令你更加愉快的體驗。

少做 **批判：**創作時，不要聽自己和別人的批判。如果你還不願意對外展示自己的藝術創作，那也無妨，畢竟它本來就專屬於你。萬一有人膽敢說三道四？那就不予理會，你的自我成長領域中沒有批評存在的空間。

多做 **運動：**運動可以讓血液流動更順暢並有助於釋放內啡肽，這種荷爾蒙可以減輕疼痛、緩解壓力及振奮心情。長時間散步也是很好的方法，讓你可以針對創意活動進行充分思考並自由想像。

少做 **熬夜：**不良睡眠習慣是指就寢時間不利於一夜好眠。建議你在睡前 1 小時關閉數位設備、使用乾淨寢具、戴眼罩、點薰衣草精油香氛，還有播放白噪音以蓋過外界的干擾雜音，透過這些方法改善睡眠品質。頭腦需要充分休息才能大大發揮創造力。

多做   **自由玩耍**：你還記得小時候自由自在地玩耍嗎？那時除了玩樂之外沒有目標，也沒有規則。你可以利用本週恢復自由玩耍，不受限制地創作、移動或探索。

少做   **被動吸收**：有時候我們只想一直看網飛的節目或迷因，偶爾一次倒也無妨。然而，當我們吸收太多別人創作的東西時，自己就會失去原創性。

多做   **好奇心**：對你的作品以及讓你下意識地深受吸引的特質保持好奇心。例如，你為什麼喜歡在作品中使用藍色？它是否讓你感到平靜？或者讓你想起童年的海灘假期？

少做   **思想封閉**：我們可以輕易忽視那些不贊同或不感興趣的事，但當我們敞開心胸接受他人的觀點和興趣，可能會發現新的靈感並質疑原先的想法。

多做   **藝術消費**：逛逛博物館，閱讀雜誌，瀏覽街上的塗鴉，拍下那些啟發你靈感的人事物。

少做   **比較**：為了親手打造優秀的作品，在別人的創作中找靈感或借用你喜歡的特質，這固然是好事。然而，靈感的反面是跟別人比較，當你落入這個窠臼，只想和別人一樣好，甚至比他們更好。不要掉進這個陷阱，一旦創意淪為與他人競爭的工具就沒有贏家。

多做   **與朋友集思廣益**：和朋友討論上述所有活動，還有一個更好的做法：和朋友一起體驗它們。在公園散步或去博物館討論你們感興趣的事物，透過分享經驗激發更強烈的神經通路。

少做   **消極的自我對話**：當你對自己說「我是藝術家」，而不是說「我不是那塊料」，結果會有什麼不同？減少消極的自我對話，你的表現可能會連自己都嚇一跳。

> 我鼓勵每個人找出自己內在獨具創意的一面，因為一旦發掘這種特質，生活會開始改變，面對挑戰的適應力也會增強，人們就會重視它帶來的成效。
>
> 巴夏・漢納，澳洲勳位勳章得主，國際輔助治療師協會會員

你專屬的藝術治療工具包

有創意是指能運用想像力、思維和經驗創造新事物。當我們拿自己和極富創意的朋友、同事或家人比較，可能會得到這樣的結論：「我不是那塊料」。但事實上，人人都有創作的能力。

甩開「我不是那塊料」的想法（不妨真的甩甩頭，把負面思維甩出來！）有創意並不意味著非要出類拔萃不可，而是要大膽嘗試。有時候，最出色的藝術作品就是從錯誤中創造出來的。

以下是你的藝術治療入門工具包購物清單（不需要一口氣買下全部，可以從感興趣的部分開始）。這份清單包含一些工具方面的建議，幫助你盡情發揮創意，釋放可能阻礙你的情緒，創作出僅供自己欣賞的作品。

- 彩色鉛筆
- 水性顏料和畫筆

- 清洗畫筆的瓶罐
- 3 種顏色的黏土
- 1 本 A3 大小的創作本
- 喜歡的樂器（吉他、薩克斯風、三角鐵⋯⋯）
- 可以亂塗亂畫的舊報紙
- 1 件舊 T 恤衫，充當創作服
- 可以剪下各種圖案並拼貼的雜誌
- 你最喜歡的音樂播放清單
- 可以盡情舒展的寬敞空間，讓你進入心流狀態
- 舒適的舞鞋
- 寫詩的手札
- 1 支手機，用來拍影片或捕捉能激發靈感的圖像

> 　　舉凡音樂、視覺藝術、戲劇、舞蹈、詩詞、數位媒體等各種藝術形態，全是我們在疫情期間得以繼續前進的重要元素。對於許多為心理健康問題所苦的人來說，藝術治療提供了尋求協助和投入活動的機會，與傳統談話療法截然不同。藝術活動既能促進心理健康，同時也具有療效。[9]
>
> 派翠克・麥高里（Patrick McGorry）
> 維多利亞州墨爾本大學 青少年心理健康教授

讓我們一起進入心流狀態，使用後面的創意提示並記下你最喜歡的藝術風格。

當你想到心愛的人，腦海浮現的第一個畫面是什麼？用這個提示把它**畫**出來。

播放你兒時最喜歡的歌，不帶批判地**跳舞**，恣意揮舞雙臂，高高跳起來。你感覺如何？

找一張舊報紙，將水和膠水混合後塗在上面，把它**塑造**成表達你目前感受的形狀。

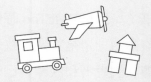

在家裡找出 3 件可以當做玩具的物品，你要**玩**這些玩具，並創造自己的生活故事。

使用這個詞做為提示，**寫**一首詩或一則故事，反映你本週希望如何對世界展示自己。

從舊雜誌上剪下圖片，**創造**一個讓你產生快樂和正面想法的圖像。

敘事療法

藝術療法有助於我們傾吐心聲，敘事療法也有相同功效，它主張人類的經歷、自我認同和意義的形成都蘊含在故事之中。[10] 敘事療法關注我們如何建構人生故事，並幫助我們將故事（「事件描述」）與自身分開，以證明人生其實可以有其他發展方向。

敘事療法誕生於 1980 年代，由社會工作者邁克爾・懷特（Michael White）和大衛・艾普斯頓（David Epston）創立，採用社會建構主義（Social-constructionism）* 觀點。

在敘事療法中，我們聆聽帶有社會政治和文化因素的故事（無論是 #MeToo 時代風氣中形成的，或是義大利傳統流傳的，還是特定宗教信仰等），並留意這些因素如何影響我們思考和談論自己的方式。然後，我們將原本只有自己知道的問題故事說出來，以改變它們對我們的影響程度（例如，「我是個憤怒的人」變為「我是一個正處於憤怒狀態的人」）。一旦影響程度改變，我們就更有能力管理或改變問題，因為它已經不再根深蒂固了。

我們可以採取更正面積極的方式重述故事以改變信念，從問題多多和令人難以忍受轉變為滿滿的（或「濃

譯註：一種社會科學理論，認為人類對現實的認知和理解是透過社會互動和文化傳播建構出來的。

濃的」，這是懷特和艾普斯頓偏好的用語）希望和願景或快樂回憶。以正面積極的方式詳細複述這些故事，可以改變自我信念。把它想像成學習發揮「＃主角能量」（#MainCharacter Energy）*，你就是英勇的主角，不是受害者。

接下來舉例說明，如何運用敘事療法將關於自己的信念或故事由負面轉變為正面。

問題故事

你目前的信念：「我這輩子談過 3 次戀愛，但都失敗了。我始終都是被拋棄的一方，因為我不討人喜愛。父親不愛我，他在我很小的時候就拋棄了我和媽媽，從此再也沒有人真正愛過我了。」

你下意識把自己和「不討人喜愛」連結在一起。

說出問題故事

挑戰性提問：「最好的朋友會說你不討人喜愛嗎？」

你的答案：「不，這種話很可笑，他們愛我。」

---

* 譯註：疫情期間，抖音出現展現「主角能量」的影片，呼籲大家「自己做主角」，比如和寵物綠鬣蜥一起散步，或是重現知名影視劇橋段。

挑戰性信念：「如果他們愛你，那麼你並不是不討人喜愛。」

你正在將問題與自己分開。

▼

解構

提示：「談談你父親的離去……」

你目前的敘述：「我記得有一天醒來，發現他的行李已經收拾好了，媽媽在哭。他說他必須離開，因為媽媽常不在家，他卻得一直養我們。他離開後，我問媽媽原因，她說因為他不愛我。」

提示：「你後來還有收到他的消息嗎？」

你目前的敘述：「有，他一直都有寄賀卡，我每個月會跟他碰面一次，但我從來不覺得他真心想見我，因為媽每次都說他這麼做只是出於義務，其實他並不愛我。」

挑戰性提問：「現在回想起來，你覺得他愛你嗎？」

你拆解過後的信念：「嗯，他確實很努力，除了定期來看我，也會記住我的生日。」

根據問題故事的事實和提示，你開始解構父親不愛你的信念。

你的現實受到挑戰；它是由你之前對自己說的故事打造而成的，故事的根據則來自母親告訴你的訊息。

▼

外部見證

你目前的敘述：「我可能選了無法在一起的人當做戀愛對象，會這麼做也許是因為擔心他們像爸爸一樣離我而去。我的意思是，一個

已經結婚了，另一個只是來本地短期打工兼度假，最後一個即將開始新工作，而且輪班時間很長。」

見證與省思總結：「所以，只要你選了對的人，就會討人喜愛。」

充滿正能量的另一個版本：「是的，我可以選擇能和我交往的人，給自己展開新戀情的機會，但是好可怕啊！」

見證與省思總結：「是的，或許會很可怕，但對你來說是難能可貴的好機會，可以把你擁有的愛分享出去。」

透過其他人（比如心理治療師）見證並認可你的新信念，你會得到充滿正能量的新故事。

你的界限：「（朋友），我要開始選擇可以在一起的人，來確認我是否討人喜愛。」

你經過旁人見證的界限：「你是最酷的人，願意奉獻這麼多愛。我非常愛你，迫不及待想聽接下來的進展！」

旁人聽你重述另一個版本，認可並強化你的信念：你其實很討人喜愛。

另一個版本的故事

你最新的正面敘述（信念）：「不能因為小時候發生的事妄自菲薄。我是討人喜愛也值得被愛的人，一旦我開始在正確的地方尋找對象，可能會找到合適的人。」

你提出的問題故事受到了挑戰，現在已不足為慮。你的新故事已經被驗證和重述，強化你對它的信念。

前面的例子展示我們如何透過對自己和他人講述的故事，以及對過去、現在和未來的信念，向世界展現自己（比如「不討人喜愛」）。這些故事可能與事實不符，並受到社會文化規範、期望與假定的事實所影響。有色人種和澳洲白人在自身故事中分享的經歷可能有所不同，這是因為每個人都會受到人際關係甚至故事聽眾的影響。第一人稱故事透過選擇性記憶說出，也就是說，透過腦海中最深的記憶來講述。這往往意味著我們「忘了」很多細節，當故事影響我們的身分和行為時，就會構成問題。

將有問題的信念說出來，好處是有助於將問題與我們分開。接受「**我犯了錯**」要比接受「**我本身就是錯誤**」容易得多。

創意藝術療法讓我們找到情緒背後的含義，不會像某些談話療法那樣僵化。這就是它們也可以很有趣的原因！如果你還沒準備好表達內心情緒或購買藝術治療工具，不妨利用上班或上學的空檔在記事本上塗鴉。看看有什麼從你的內心流淌到筆端，接著探詢你為什麼會畫出這樣的東西，這個做法可能會很有趣。

Chapter 12

忍不住想再來一次……

戰勝不良習慣與成癮

　　喜歡在整天辛勤工作後喝上一兩杯酒與酗酒成癮有什麼區別？沒時間吃飯和飲食失調有什麼區別？吸大麻來控制慢性病的疼痛和有吸毒問題又有什麼區別？

　　不健康的習慣和社會上所謂的成癮，兩者之間的界限很模糊，有時取決於你問的是誰。某些人認為的壞習慣，對其他人來說可能已經太超過。原本不當一回事，直到有一天再也不能視而不見。

壞習慣和成因

　　大多數人都能輕易舉出自己有哪些壞習慣，我們常做的不起眼動作或行為，對日常生活往往產生負面影響。舉凡熬夜在網路上末日狂刷或看網飛節目，一直當月光族而不是留些現金以備不時之需，今天能做的事拖到明天，老是按下鬧鐘的貪睡鍵導致每天遲到，還有頻繁取用公司提供的免費零食（已經超過讓心情愉快一點的程度）等，總之我們有很多壞習慣，也有很多方法可以克服它們。

　　了解習慣（好或壞！）養成的原因，是我們學會改變不良習慣的關鍵。習慣養成的原因有很多，一般來說，我們之所以出現不健康習慣，都是為了麻痺一些不想體驗的情緒。我們可能會因為渴望心情愉悅（哪怕只有一點點）而吃得不健康，也可能會因為討厭上班而按下鬧鐘的貪睡鍵。想要克服行為卻沒有找出背後的「原因」，可能很難如願以償。

　　布芮尼・布朗（Brené Brown）的著作《召喚勇氣》（Dare to Lead）曾登上《紐約時報》暢銷書排行榜，她在書中闡明人為什麼無法選擇性地麻痺情緒。情緒麻痺後將帶走生命中的光明和陰影，我們其實不想看到這樣的局面，而是希望不管人生道路上遇到哪一種色彩，我們都承受得了。

我們想要透過不健康習慣來緩解什麼樣的情緒？釐清這一點，也有助於破除情緒的誘因。例如，當我們為了減輕壓力而一再拖延，可能會否認自己有太多待辦事項。滿滿一張 A4 大小的待辦事項清單令人應接不暇，可能會成為壓力的誘因。那麼，我們還能做什麼來減少誘因並控制情緒，進而改掉壞習慣呢？

──────── ✏️練習 找出誘因 ────────

避免負面行為的誘因被觸發，有助於降低這種行為出現的風險。找出並承認有哪些人事物或地點讓你想要做出沒有建設性的行為，就可以擬定對策來避免它們。

這些對策也稱為「保護行為」，為了減輕觸發因素的威力或確保它不會出現，你必須採取這類行動。

一起來付諸行動：

我最常出現＿＿＿＿＿＿＿＿＿＿＿＿＿＿＿＿＿＿＿＿＿＿＿

（*消極行為，例如拖延*）：

· 當身旁有：＿＿＿＿＿＿＿＿＿＿＿＿＿＿＿＿＿＿＿＿

（*某些人，例如茱麗葉，她的工作效率超高*）

· 當我在：＿＿＿＿＿＿＿＿＿＿＿＿＿＿＿＿＿＿＿＿＿

（*某些場所，例如在家工作，這種地方還可以做其他事*）

· 當我在處理：＿＿＿＿＿＿＿＿＿＿＿＿＿＿＿＿＿＿

（*某些事，例如長長的待辦事項清單，比起已經完成的，尚未完成的還有很多*）

列出處理觸發因素的方法，例如記下我們可以採取什麼樣的替代行動，有助於了解如何控管當下的風險：

為了減少某種誘惑 _____

（消極行為，例如拖延）：

· 當身旁有：_____

（某些人，例如茱麗葉），我會：_____

_____

_____

_____

（保護行為，例如戴上耳機，擋掉茱麗葉在待辦事項清單上劃掉完成項目的噪音）

· 當我在：_____

（某些場所，例如在家工作），我會：_____

_____

_____

_____

（保護行為，例如抽出時間洗衣服，而不是在應該工作時洗衣服）

· 當我在處理：_____

（某些事，例如長長的待辦事項清單），我會：_____

_____

_____

_____

（保護行為，例如在另一本小記事本中列出比較要緊的事，其他待辦事項則暫時留在大清單中）

_____

找出不良習慣的最大好處是可以制定計畫來改變它們。除了避免誘因被觸發，還能做什麼來輕鬆戰勝壞習慣呢？這裡介紹一個簡單的心法：

- **做好準備**：如果你無法避免誘因，可以採取一些準備措施以提前應對。例如，當伴侶不在家，你可以拜託某個朋友晚上 10 點發訊息，提醒你停止滑手機並上床睡覺。
- **與盟友合作**：提到朋友，尋求協助是改變行為的絕佳方式，畢竟當你覺得自己不是孤軍奮戰，實現目標就容易得多了。告訴朋友、家人和同事你希望避免什麼人事物或狀況，請他們注意，一旦看到你接觸誘因就提醒你有目標要達成。
- **尋找替代方案**：有時候誘因無所不在，讓人很難根除壞習慣。在這種情況下，你可以用更健康的東西來代替原先的習慣。例如，也許你想停止每天晚飯後吃一塊巧克力的習慣，但吃完正餐後，你往往極度渴望甜食。這時可以把巧克力換成更健康的點心，比如有花生醬內餡的椰棗或熱可可。
- **獎勵自己**：正面強化是推動改變的絕佳方式，不妨在取得各階段進展時獎勵自己一下。例如，你可以這樣設定：只要能堅持兩週不咬指甲，就去做一次專業美甲。這樣

一來，你的目標就會更快、更容易實現。「14 天不咬指甲」比「永遠不咬指甲」更具體，而且指甲經過拋光和修剪所呈現的樣子，恰恰證明了持續改變行為就會獲得長期回報。

人為什麼會上癮

當然，若是你怎樣也戒不掉不健康的習慣，滿腦子都是對它的渴望，這可能預示著更棘手的狀況正在發威。

壞習慣和上癮的區別在於我們是否有意願和能力在想停時就停。當我們對自己保證「這是最後一次」，卻又無法確定自己能不能停止這種行為，那麼可能已經上癮了。

成癮症被歸類為腦部慢性病，由獎賞、動機和記憶等功能失調引起。成癮症患者不顧對情緒、身體、財務或社會心理等各方面福祉所造成的負面影響，堅持追求「獎賞」的快感，以滿足對某種強迫性行為的渴望。

我們可能對各種事物上癮，舉凡酒精、食物、性愛、賭博、毒品、色情、電子遊戲、購物、網路和社群媒體、香菸、運動、整容、咖啡因等，可以說應有盡有！本章將著重於探討澳洲較為普遍的物質成癮，也就是酒精和毒品。不過，無論一個人對什麼東西上癮，其行為模式和感受都是相似的。接下來以濫用毒品為例：

- 克莉絲蒂的朋友在一次聚會上問她要不要「吸一下」，這是她第一次嘗試古柯鹼。她的大腦立刻釋放大量多巴胺做為獎勵，讓她有種美妙的感覺。

- 克莉絲蒂的多巴胺濃度在第一波刺激後下降，大腦開始再次渴求這種獎勵。

- 在下一個週末的聚會上，克莉絲蒂結識了另一位提供古柯鹼的人，並再次獲得愉快又美好的感覺。不過，這和上次的感覺不太一樣。於是，她又多吸了一點。

- 克莉絲蒂繼續在聚會和活動中吸毒，大腦已經習慣這種美好的感覺。不過，她每次吸古柯鹼都覺得越來越難產生快感。因此，她一再增加吸入量。

- 快感依然在，但不像以前那麼容易出現。克莉絲蒂也開始感受到負面情緒，因為她從美好的「高點」跌落的速度更快了。

- 最後，克莉絲蒂開始需要更大量、更頻繁地吸古柯鹼，早上的心情才能保持在基本還可以的水準。她再也無法獲得最初那種極度「美好」的快感，儘管她月復一月地追逐它。就這樣，上癮的惡性循環不斷重複。

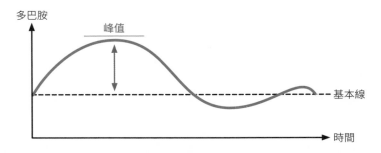

圖 12-1　本圖展示多巴胺在吸毒後大幅上升的程度。多巴胺的基本線因人而異，
當峰值越高，釋放的多巴胺就越多。

　　大多數成癮行為都有兩個相似處。首先它們都具有
「強迫性」，因為滿足渴望的強烈衝動會占據大腦。什麼
時候才能再次滿足欲望？要上哪去又要怎麼做才能滿足
它？誰能幫助我們達到滿足？這種極度渴望有可能破壞人
際關係，甚至會危害工作，因為我們滿心想的全是滿足渴
望，對其他人事物一概不在意。

　　成癮行為的第二個特點是「引發問題」，亦即滿足渴
望會對我們的福祉、人際關係、工作、財務或社交生活產
生負面影響。例如，我們可能會把所有薪水花在賭博或購
買毒品上，結果連房租都付不起。或者，我們可能會在公
司聚會上酗酒並出醜，因而破壞職場人際關係。

　　人往往想要透過物質濫用來麻痺痛苦，當我們著手了
解並治療這些痛苦，往往可以找出問題根源。這樣一來，

除了治療成因（如創傷、焦慮或悲傷），還能解決症狀（如憂鬱、憤怒）和副作用（如否認、內疚）。想要憑一己之力找出成癮症的根本原因可能不是件容易的事，最好在專業人士的協助下進行。

不妨回答下列各項問題，有助於釐清你是否有物質濫用問題：

- 當你喝了酒或吸了毒，是否能確保自己行為良好？你確定會對自己的行為負責嗎？
- 你喝酒或吸毒後會斷片嗎？你是否有時因為物質濫用而記不起夜裡的某些片段？
- 你是否曾因喝酒或吸毒造成問題？是否曾有人因你的物質濫用而受到傷害或感到羞恥？
- 你是否羨慕那些喝了酒或吸了毒不會惹麻煩的人？為什麼羨慕他們，難道你自己就不能避免麻煩嗎？
- 周圍的人是否曾對你喝酒或吸毒表示擔憂？
- 你能想像沒有酒精或毒品的生活嗎？為什麼可以？或者為什麼不能？

澳洲人的酗酒和吸毒

每 20 個澳洲人中就有 1 個患有物質使用障礙。[1] 長遠

來看，這類障礙會導致心理疾病和不良健康，短期則會造成意外事故、暴力行為、人際問題和情緒障礙等。酗酒是澳洲人最常見的成癮症，每 6 名澳洲人就有 1 人達到「危險」程度。吸菸名列第二，在 14 歲以上的澳洲人中，每 10 位就有 1 位每天吸菸。而吸毒則是第三大最常見的成癮症，每年造成 1 千 5 百多人死亡。[2]

在一個主要透過「一起喝杯啤酒」來活絡社交的文化中，控制酒和毒品的攝取量對某些人來說可能非常困難。男性、年輕人、性別多元化群體、某些文化和語言多元化群體，以及偏遠地區人們的飲酒量更高。[3] 我們無法預判物質使用會不會變成依賴，對於越來越依賴物質來控制心理痛苦或生理疼痛的人來說，這種情況確實有可能發生。

醫護人員可以透過實際觀察以及與我們和（或）家人談話來確定我們的依賴程度。也有一些標準化問卷可以篩檢不健康的物質使用，比如世界衛生組織的《酒癮識別測試》（Alcohol Use Disorders Identification Test）或《菸酒和毒品篩檢測試》（Alcohol, Smoking and Substance Involvement Screening Test）。[4] 兩者都包含物質使用、潛在依賴和物質相關問題，以及親朋好友可能表達的擔憂。

成癮症發作時，人的自尊（對自己的評價和認知）可能會受到嚴重影響。此外，自卑會增加我們在遇到問題時

率先尋求物質麻痺情緒的傾向。從這兩方面就可以看出，這是一種惡性循環。自尊發源於內心，但也會受到他人行為影響。如果我們受到不好的對待，被身邊的人欺負或虐待，可能會開始認為自己不值得擁有幸福。自卑會影響生活品質，使我們更傾向於透過物質或其他形式的成癮來提升對自己的觀感。負面的自我評價、完美主義、害怕嘗試新事物、自理能力或抗壓能力差、自殘以及容忍他人的不良行為，這些在有物質濫用的人身上極為常見。

當自尊心特別低時，我們很容易認為每件事都非常糟糕，每個人都不想讓我們好過，這可能會導致我們重複進行不健康行為。人生偶爾也會有一些美好的經歷，但自卑感會遮住我們的視線，讓我們把注意力集中在壞事上，最後陷入自怨自艾和物質濫用中。這時候便需要「感恩」這個好幫手上場。

🖊練習 感恩清單

感恩幫助人們記住，並不是每件事都那麼糟。不妨記下所有美好事物，再微不足道的都不要放過，這樣可以改變你的心態，鼓勵你保持樂觀並展望未來。

寫下值得感恩的人事物，複製一份隨身攜帶，當你需要提醒自己這個世界和你有哪些美好的地方時，就可以拿出來參考。

我感恩的是……	因為……
例如，今天的天氣	這意味著我可以去公園打籃球。
例如，朋友碧麗蘿絲	她總是讓我開懷大笑，即使在我情緒低落的時候。

　　如果你不知道從何下手，以下是一般人可能會感激的20個例子：

- 我的幽默感
- 我的工作
- 我的爸媽
- 好穿的牛仔褲
- 昨天的美味晚餐
- 《辦公室風雲》(The Office)影集重播
- 我的人生導師

- 我的伴侶
- 我的教育
- 我的貓
- 展現自己的方式
- 性生活
- 我的創意
- 我的聰明才智
- 大自然

- 附近的公園
- 我舒服的床
- 醫療保險
- 我的好成績
- 有一個可以安穩依靠的家

　　感恩也可以是一種長期持續的狀態，而不僅僅是偶一為之的行動。在人生旅途中永保感恩之心，有助於我們堅信雨後會有彩虹，若僅在覺得需要時才想起感恩，雖然總比什麼都不做來得強，卻會對個人福祉產生不穩定的影響。始終保持感恩，讓它成為常駐的狀態，人也會變得更正面。

當家人和朋友受影響

對於愛我們的家人和朋友來說，眼睜睜地看著成癮症慢慢掌控我們的生活，會令他們感到無比痛苦。伴隨物質濫用和各種成癮症出現的撒謊和自毀行為，會讓所愛的人感到焦慮、悲傷和憤怒。他們往往會希望能回到從前的日子，現在待在我們身邊時總覺得心驚膽戰。無論我們自以為多麼高明地隱瞞了成癮症，家人和朋友可能早就察覺不對勁，並且希望我們尋求協助。

> *伴侶酗酒往往讓我感到孤立無援，好像我被對方狠狠推開了。同時，我也有種幫不上忙的無力感。突然之間，我們不再是團隊，某個不屬於這段關係的外來物介入，硬生生切斷了我們之間的連結。我必須先考量成癮的問題，才能決定要不要開口說話或一起過日子。伴侶目前正在尋求幫助，但這條路還看不到盡頭。*
>
> 凱薩琳，38 歲
> 新南威爾斯州雪梨市

對於有成癮經歷的人來說，節日和假日可能特別難熬。耶誕節、開齋節、基督教復活節或東正教復活節等慶祝時刻會導致許多觸發因素，如經濟壓力（「我需要給家人買禮物」）、家庭衝突（「跟我處不來的傑瑞叔叔要來

吃午飯」），甚至是成癮物質的存在（「其他人都在喝啤酒慶祝」）。此外，其他如紀念日、寒暑假甚至季節變化，都會啟動外部觸發因素，提高復發的機率。因此，我們必須確保身邊有正確的支援。

告訴某個人我們正在對抗成癮症，這是走向康復的第一步。讓所愛的人支撐我們度過難關有很大的好處，他們幾乎都會陪在我們身邊（只要我們的行為沒有把他們逼走），而且彼此之間已經建立穩固的關係，他們很清楚我們的行為何時會發生變化，以及我們何時會復發。然而，對方不一定非得是伴侶或朋友不可，重要的是確保支援者夠堅強，可以一直陪在我們身邊。從廣義上來看，還可以把他們當做專業協助團隊的一員，值得我們信賴和依靠。心理治療師、醫師、社會工作者、宗教領袖、復健師和其他群體領袖都可以幫助我們控制成癮症。

控制成癮症

承認自己有問題並尋求協助是控制成癮症的第一步。心裡藏著一個不斷侵蝕我們的祕密，以致生活出現許多負面影響，勇敢承認這一點，我們便不再獨自承受重擔，也會開始感到自己有能力減少它對我們的控制，並消除隨之而來的恐懼（以及沒了它我們會變成什麼樣子的恐懼）。

對成癮症患者來說，同伴干預非常有益，團體治療就是一例。當我們陷入成癮症的惡性循環，往往會認為自己是世界上唯一受折磨的人。當一群人聚集起來分享類似遭遇，我們發現他們的感受和行為與自己相似，這種只有自己在受苦的想法就會消失。

在團體治療中，處於各個成癮階段的人聚在一起，分享最近的經歷。成員互相傾訴面臨的困難、值得感恩的時刻，以及最低潮的生命故事。現場其他成員透過這些分享得知，他們並不孤單，許多人都有過類似經歷，並且已經努力走了出來。團體治療通常由具有經驗或接受過特定成癮問題輔導培訓的人員管理，此人又稱為「酒精與毒品」（AOD）戒除輔導員。

藉由參加團體治療，在安全的空間裡分享故事，我們可以找出改變自身的能力和動機。

毒品和酒精等成癮症可能很難克服，尤其是當你孤軍奮戰時。除了團體治療，預防復發的辦法也包括接受專業輔導、一對一談話治療、藥物治療、復健、住院治療戒斷症狀等。

當一個人與重複性負面行為抗爭，復發的誘惑始終存在。即使經過數月或數年緩解，還是無法忽視復發的可能性。減少生活中不受歡迎的意外有助於降低復發機率，但

這不是我們能完全控制的事。

> 　　成癮症的反面是與人連結。成癮症患者非常孤獨，你會因為隨之而來的羞愧感而過著隱密的生活。參加團體治療時，你會發現自己並不孤單，你不是獨自承受痛苦。當一個人透過團體治療尋求協助，他不再只是想著自己，注意力開始轉移出去。
> 　　無論是為成員提供自己的獨特經歷，還是僅僅帶牛奶來為咖啡添加風味，在團體治療中建立的關係和常規有助於消除成癮症患者一直以來的內心獨角戲。
>
> 馬克・漢森
奧克德尼之家基金會團體治療輔導員，賭博、酒精與毒品戒除輔導員

　　儘管如此，常規還是有些幫助，它可以減輕我們面對任務的壓力及焦慮，並且避免選擇麻痺（「我有太多事要做，不知道從哪裡開始！」）。為了防止討厭的意外可能造成復發，常規可以賦予生活更多意義和目標。常規不需要精細到每一分鐘都安排得好好的，而是應該納入我們每天都盼望做到而且可以做到的事。打電話給專業輔導人員或支持我們的朋友、吃健康的早餐、上健身房、寫 20 分鐘日記、接受治療、晚上 10 點前上床睡覺等，都可以成為常規的一部分，幫助我們控制成癮症。

🖊 練習 每日常規

　　常規有助於培養動力和專注力，在我們染上壞習慣時尤為重要。事實上，僅僅是從清單中勾選一項任務就能讓大腦獲得微量的多巴胺（這是一種振奮心情的重要化學物質）。其他促進多巴胺分泌的方式還有：進行藝術創作、運動、聽喜歡的音樂，或從事一系列活動，比如讀幾章書、每天跑步，或者連續數日按常規生活。

　　使用下表建立你的常規作息，健康地利用多巴胺。

每日任務	一	二	三	四	五	六	日
例：自製健康早餐	✓	✓	✓	✓	✓		
例：遛狗		✓		✓		✓	
例：在咖啡館寫日記			✓				✓

在接受團體治療之餘，與心理治療師進行一對一談話，可以幫助成癮症患者深入了解濫用物質的痛苦根源。團體治療可能會討論到孤獨、羞恥和內疚等等，但心理治療師受過專業訓練，能夠發掘導致這些感覺和行為的原因，並在我們控制成癮症的過程中提供協助。

有一個雖陌生但能分享任何創傷的對象，可以為我們的復原之路注入更多力量。心理治療讓我們勇敢說出心聲，有些人罹患成癮症後，往往是在心理治療中首次公開談論它。我們原本害怕對家人分享時會遭到批判，但心理治療採取一對一模式，因此減少了可能產生的恐懼。

當我們意識到重複性負面行為對生活各方面（財務、情緒、身體）都會造成影響，但仍然不願意改變或尋求治療，這種狀態被稱為矛盾心理。它會影響我們對改變的渴望，讓我們「陷入」無益的行為。成功控制無益行為的關鍵是既要認清改變的好處，也要勇敢承認它可能帶來的壞處，亦即務實地面對得失。

練習 審視自己的矛盾心理

運用下面的表格探索你對不健康行為的矛盾心理。最左側欄位輸入的事項可能會復發。例如，你可能想麻痺情緒上的痛苦，因此持續過量飲酒，此時請以其他方法來控管最右側的觸發因素（例如

過多破壞性想法），而不是放任它復發。例如，你能不能試試看，用認知行為療法來控制這些想法，而不是伸手去拿酒瓶？你對右側兩欄下的工夫越多，越有可能減少對於改變的矛盾心理，確保你能夠並且願意做出更好的選擇。

持續成癮行為		停止成癮行為	
持續成癮行為的好處	持續成癮行為的壞處	停止成癮行為的好處	停止成癮行為的壞處
例：它可以麻痺我的痛苦	例：家人不跟我說話	例：存款變多	例：過多破壞性想法

　　無論是咬指甲或末日狂刷等壞習慣，還是對非法物質或賭博更嚴重的成癮症，有一些方法可以減輕它們對生活造成的影響。首先是釐清自己處於改變的哪個階段，接著尋求他人協助，我們就能改變生活，減少無效或有害的行為。改變不會在一夜之間發生，但只要堅持不懈，最壞的習慣和最嚴重的成癮症都有可能克服。

記住，你不需要獨自對抗不健康的習慣，讓你信任的人知道你正為某種問題所苦，這是重要的第一步。對於更嚴重的成癮問題，有一系列專業協助可供選擇（詳見第17章）。

　　當你陷入成癮症的惡性循環，可能會離群索居多年。人注定要成為社交動物，成癮症只會害你孤獨。當你深陷其中，一定會和社會脫節。身為成癮症患者，你的生活方式或癮頭都無法公開，你只剩下很多秘密和羞恥感。

　　當你參加團體治療而與他人連結，心情會自然而然地愉悅起來，還有機會見識其他成員在戒除之路上的傑出表現。

馬克・漢森
奧克德尼之家基金會團體治療輔導員，賭博、酒精與毒品戒除輔導員

Chapter 13

擔心不完的「萬一……」

如何管理擔憂、壓力和焦慮

現代人的生活相當混亂,總是處於「忙碌」與受到過度刺激的狀態,透過手機、汽車、電視、電腦甚至手錶接收各種提醒。世界感覺比以往都要小,社群媒體和 24 小時不間斷撥放的全球新聞,使得時區也變得不明顯。

除此之外,疫情爆發後所衍生的居家辦公,也讓傳統工作與家庭界限變得稍微模糊,難怪每個人都有點疲於應付。

什麼是壓力？

壓力是一種憂慮狀態，由我們可能無法控制的困境引發。雖然抗壓性和應對方式因人而異，但所有人都承受了某種程度的壓力。關鍵是要提升抗壓性，有能力應付各種情況，而不至於手足無措。

當人承擔大量額外責任，覺得實在是「太超過了」；開個小店或小公司，但生意不夠好，入不敷出；無法控制某個局面的結果（尤其是凡事一把抓的那種人）；受到來自他人的壓力或者自己的財務狀況不佳；面臨重大變化或決定等情況，都會陷入壓力破表期。

諷刺的是，如今我們也會為壓力指數而擔憂！這在某些情況下是好事，意味著我們願意探詢內在，查出壓力如何影響自己。另一方面，這也屬於一種自身持續循環狀態，可能會導致擔憂和焦慮加劇。

區別健康壓力和不健康壓力的差異，有助於預防心理健康惡化。不妨將健康的壓力當成提高工作效率的幫手，當我們手邊有任務，體內的腎上腺素會迫使我們更努力工作，以便如期完成，並且比平靜狀態下的表現更好。

另一方面，不健康的壓力會影響工作效率，把我們推向戰鬥或逃跑、凍結或討好的狀態，可能會讓我們遠離手邊的任務。

- **戰鬥**：以激烈和帶有攻擊性的反應處理感受到的壓力源。表現出來的行為包括憤怒地哭泣、磨牙、想要拳打腳踢、腹部有燒灼感、牙關緊咬。
- **逃跑**：逃離感受到的壓力源。表現出來的行為包括過度運動、煩躁不安、注意力不集中、四肢麻木等。
- **凍結**：感覺無法動彈或無法採取行動來應對感受到的壓力。表現出來的行為包括覺得全身僵硬、沉重和寒冷；覺得恐懼；心跳變慢或心悸。
- **討好**：試圖取悅他人以避免緊張的衝突。表現出來的行為包括過分順從或助人，以及不遺餘力地取悅他人。

　　一旦了解如何識別自己面對壓力的反應類型，我們就可以利用或釋放壓力，進而提高工作效率。例如，為了達到最好的成效，我們可以了解自己的「雖有壓力但動力依然足夠」的狀態能持續多久，進而優化專案截止前的階段。專案截止期限可能是 31 日，但如果知道自己的壓力甜蜜點（stress sweet spot）是在交件前 5 天，我們可能會決定 26 日之後再開始作業，以確保工作效益，不會陷入長期拖延。

　　此外，也可以運用「RAIN 心法」之類的技巧來釋放不健康的壓力。

　　當你的腦海反覆浮現無益想法，以下推薦的記憶字訣（以字母或符號幫助記憶的技巧）可以派上用場。

　　RAIN 心法可以幫助你感受情緒但不至於變成它，當情緒排山倒海而來，這個技巧能適時阻止壓倒性的失控感。本練習有助於平靜心情，與自己的情緒共處，而不是逃避或對抗它們。心理治療師在廣泛的正念研究中使用的 RAIN 心法有數種版本；後面介紹的版本是佛教上師蜜雪兒·麥唐納（Michele McDonald）提倡的，最初是用於冥想。

- **R－識別（Recognition）**：認識到自己正經歷某事，保持觀察而不是對它反應，有助於你更了解自己。

  「我覺得自己不應該在這裡，有人會發現我是騙子。」

- **A－接受（Acceptance）**：接受這份感覺，與情緒共處，不要試圖改變它。你可能會暫時覺得不舒服，但隨著練習 RAIN 心法的次數增加，這個階段會更容易度過。

  「好吧，我明白我覺得自己像冒牌貨，這種感覺以前也出現過。」

- **I－調查（Investigation）**：帶著善意和好奇心調查這些情緒從何而來，這將再度幫助你了解自己，並開始將情緒與自我分離。

  「為什麼我覺得自己像冒牌貨？因為我正在一大群崇拜的對象面前嘗試新事物。有這種感覺無妨，不過，我曾對大型團體做過簡報，當時的表現不錯，所以我現在也可以做到。」

- **N－捨離（Non-identification）**：擁有感覺而不至於變成它，將感覺與你分開。對自己大聲說：「我現在很憤怒，但我不是容易憤怒的人」，或「我現在很悲傷，但我不是容易悲傷的人」，

或「我現在很擔憂，但我不是容易擔憂的人」。這樣就能把焦點放在**感覺**本身，而不是**你自己**身上。

> 「我現在很緊張，覺得自己像冒牌貨，但我不是容易緊張的人。我屬於這裡，一定可以表現傑出。」

運用後面的範本完成 RAIN 心法。寫下「識別」、「接受」和「調查」的內容，以及幫助你「捨離」的短語

控管壓力的另一種方法是保持充足睡眠。睡前像對待新生兒一樣善待自己，這是確保放鬆安眠的好方法。關閉螢幕，看書放鬆，洗個薰衣草香味的澡，喝點溫熱的東西，穿柔軟的衣服，用溫暖的毯子裹住自己，聽聽白噪音或打造安靜的睡眠空間，並確保室內溫度適宜。

然而，有時候入睡本身就是充滿壓力的過程！如果你難以入睡，不妨試試這套漸進式肌肉放鬆練習，它可以幫助你的身體和心靈放鬆下來，為休息做好準備。

✏練習 漸進式肌肉放鬆

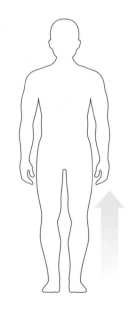

當你感到壓力或焦慮時，肌肉會收縮並緊繃。這就是為什麼「鬆開牙關」這句話引起很多人的共鳴，人們往往會因為壓抑情緒而不自覺地咬緊牙關。

本練習將引導你透過簡單步驟逐漸放鬆肌肉，同時也讓你的意識專注於身體和當下。漸進式肌肉放鬆法用於調節情緒並阻止思緒失控，是幫助你入睡的好工具。

- 盡可能穿著舒適的衣服，一開始坐下來或躺下來。記住要慢慢來，這不是在跟誰比賽。
- 注意每根腳趾的感覺。它們很放鬆還是緊繃？輕輕晃動它們，直到放鬆為止。

- 將注意力往上移動到腳踝。是否有卡卡的或放鬆的感覺？晃動它們，直到放鬆為止。從左腳開始，然後換右腳。
- 小腿感覺如何？接下來集中精神放鬆它們。你可以先繃緊肌肉再鬆開，次數視需要而定。
- 繼續這個模式，將注意力往上移動。依序放鬆膝蓋、大腿、臀部、生殖器和下腹。
- 進行到胸部時，深吸一口氣再呼出，這樣可以伸展和放鬆肋骨。
- 進行到手臂時，先從左手再到右手。晃動每根手指再一起伸展，直到放鬆為止。
- 脖子左右、上下轉動，直到它充分伸展並舒適地安於肩膀上。我們的大部分緊張都集中在頭部和頸部，因此這一區要慢慢來。
- 盡量張大嘴巴伸展，然後放鬆下巴，等到它徹底放鬆，以舌頭輕輕抵住口腔頂部。
- 閉上眼，眼珠慢慢在眼皮下左右、上下移動及繞圈。閉眼放鬆時，不應該出現眉頭緊皺的感覺。

　　如果進行到頭頂時仍感到壓力很大，那就從腳趾再做一次，熟能生巧。

冒牌貨症候群（Imposter syndrome）

　　冒牌貨症候群最常見於職場，也可能出現在社交場合中，它是壓力的一種表現形態。冒牌貨症候群是指我們認定自己不屬於某個特定場合，即使我們已經在當中占有一席之地。從本質上講，我們會覺得自己是個騙子，並產

生毀滅性想法。例如，你晉升管理階層後，認為基層部屬的表現比你傑出，你的底細很快就會被公司發現並遭到降職。或者，你可能會花大量時間來證明自己夠資格，在學校裡模仿新的朋友圈或按照自己喜歡的性別來打扮或行動，但你擔心別人會看穿你，質疑你不夠格。在這種情況下，害怕穿幫（也就是「萬一……該怎麼辦？」）的心結會帶來焦慮、恐慌、疲乏（因為一直在努力證明自己）、失眠和呼吸困難等症狀。

冒牌貨症候群與過度需要認可有關，它是焦慮症患者的常見特徵。過分在意他人的認可會對自我價值感產生負面影響，並導致我們尋求外界肯定。我們無法控制他人對我們的觀感，因此，不斷追逐他人認可而不是關注內心，猶如坐上一架危險的旋轉木馬。

我們覺得自己不夠好與害怕不被認可有關，往往導致我們在需要自信時反而失去保持自信的能力，比如那些需要為自己挺身而出的對立時刻。

事實上，焦慮症患者往往因為害怕被拒絕而竭力避免與人對立。我們可能會認為：與其遭到拒絕，不如不要嘗試。於是我們不敢爭取升職機會、約某人出去或在會議上發言。既然勇於冒險能帶來眾多好處，你是否看得出冒牌貨症候群、壓力和焦慮如何對生活產生負面影響？

童年的創傷和與母親相處的矛盾是我「冒牌貨症候群」的根源。儘管進入青春期後我越來越有自信，也交了一群受歡迎的朋友，但有時我仍然覺得自己不夠好。這是因為我的內心深處始終存著一個念頭：要是連親生母親都不能愛我和保護我，那我究竟有什麼問題？這個心結使得我總是質疑自己並竭力追求完美，最後在二十出頭時出現冒牌貨症候群。

在第一份全職工作期間，老闆在一次大型會議上當著同事的面斥責並羞辱我，令我覺得「我不配待在這裡」，以及「我這人真沒用」。冒牌貨症候群會在美好的經歷中觸發，也會在諸如被霸凌的可怕經歷中觸發，就像我那次的遭遇。

2013 年，冒牌貨症候群使我在工作中併發嚴重恐慌。我永遠不會忘記那一刻，實在太可怕了。我無法控制呼吸，渾身冒汗，四面牆不斷逼近，天地瘋狂旋轉。我認為自己已經失去理智。這次遭遇促使我開始求助並蒐集資料，以釐清自己到底是怎麼回事。就在那段期間，我發現我所經歷的一切其來有自，而近 10 年來，我已經把克服最大恐懼變成了一項獨門絕技。

愛麗森，40 歲
澳洲雪梨市

焦慮症

脈搏加快、感覺緊張、視力模糊、難以集中注意力或失眠、易怒、胸悶、牙關緊咬或頸部肌肉緊繃，全都是壓力的症狀。然而，當這些症狀持續存在，而且經常令人難

以承受，可能就是焦慮症的徵兆。焦慮症是澳洲最普遍的心理疾病，受影響的多達 330 萬人。[1] 由於焦慮症的表現症狀是漸漸形成的，有時源於壓力，我們很難確切知道何時該尋求協助。

焦慮症可能是由未解決的創傷或羞恥感引發，特別是小小年紀就有過這些經歷的人。焦慮症患者似乎總是認為羞恥、損失、失敗或受傷等壞事可能會發生，有過類似經歷的人相信它會再度發生，這種心態在所難免。過往遭受諸如霸凌之類的身心虐待，以及現在的工作責任加重，信仰、性別或人際關係當中的不安全感，金錢問題，或突然失去生命中重要的人等等，全都會增加焦慮。

這些問題雖然都會帶來壓力，但活在持續的焦慮中意味著永遠無法充分感受做人的樂趣，我們總是在想：「萬一發生了不好的事該怎麼辦？」在這種情況下，尋求協助來控制焦慮症或許可以大幅改善我們的生活品質。

焦慮症類型

人類有能力想像未來並設定目標和抱負，因此我們很容易對現狀感到煩躁或焦慮，常常在努力追求下一個目標。

從專業術語的角度來看，焦慮具有微妙而複雜的含義，「焦慮」一詞往往可以和「壓力」通用，而「壓力」

是任何人都可能感受到的情緒。對赴約、會面遲到或考試感到焦慮是正常的，通常會在威脅（約會對象不喜歡我們、無法按時赴約或考試時不知道該寫什麼答案）過去後消散。事實上，這種感覺雖然讓人不舒服，但能讓我們確信自己還活著！這種情況又稱為「**狀態焦慮**」（state anxiety），泛指我們珍視的人事物暫時受到威脅，使得我們產生焦慮。

有些人很容易焦慮，因為他們往往認為壞事一定會發生，或是這個世界並不安全。由於這種焦慮已經融入性格當中，因此又被稱為「**特質焦慮**」（trait anxiety）。它與狀態焦慮不同，往往具有遺傳性，可能比狀態焦慮更難控制。但再怎麼難以控制的問題還是有解決的希望！

還有一種「**漂浮性焦慮**」（free-floating anxiety），這是偶爾由生理因素（如荷爾蒙或生理變化）引起的焦慮。雖然增加咖啡因攝取量、月經週期和過度緊張都會導致飄浮性焦慮，但這種情緒的原因往往捉摸不定。

如果經常在輕微的壓力後出現上述感覺，那麼很有可能是焦慮症的症狀。這些感覺不僅僅是神經過敏那麼簡單，它們是一種心理疾病，會影響我們的日常活動，使我們無法健康地生活。

焦慮症必須由專業醫護人員以 K10 工具來診斷。K10

是以實證為基礎的檢查表，針對我們在過去 4 週內的感覺和情緒提出 10 個問題，旨在了解我們有多麼疲乏、多麼容易緊張且無法平靜，以及多常感到絕望等等。

焦慮症在無人協助的情況下很難控制，因此人們通常會尋求治療，以便學習有助於減輕或控制症狀的技巧。在某些情況下，醫師或精神科醫師的處方藥也能與談話療法一起發揮作用。重要的是務必謹記：不要把服用處方藥看作個人的失敗，而要把它當成回復正常心理狀態的協助工具。

常見的焦慮症有 6 種：

- **創傷後壓力症候群**：一個人經歷創傷事件（通常與自己或身邊的人受到傷害有關）後，會出現與創傷有關的噩夢、畫面重現、負面想法或侵入性意象。
- **恐慌症**：一個人在幾乎沒有原因或預警之下恐慌發作，症狀包括胸痛、氣短、窒息感、眩暈或對死亡或毀滅的極度恐懼。
- **強迫症**：一個人有持續執迷和不必要的痛苦想法，只能透過擾亂日常生活的強迫性重複行為來緩解。強迫症患者常見的症狀可能與清潔、對稱、計數、囤積、純潔或傷害（自己和他人）有關。

- **特定恐懼症**：一個人對某種情況或事物產生特定、非理性的恐懼，例如看診、走出家門或蜘蛛。恐懼症會引發恐慌，讓人想要逃避引起恐懼的情境，對恐懼症本身和它再次發生的時間有強迫性想法，在恐懼症發生時感到恐懼或驚怖。
- **社交焦慮症**：泛指一個人總是擔心別人如何看待自己。社交焦慮症患者並非指對他人的看法產生無害的好奇心，而是不理性地恐懼自己在公共場合會受到批判、難堪或羞辱。他們經常會取消計畫或提前離開活動現場，往往不傾向自動自發或臨時起意，但反過來又會特別害怕已提前計畫好的活動。
- **廣泛性焦慮症**：一個人無緣無故地對特定情景感到恐懼和緊張，對某件事過度擔心，卻又在毫無關聯的情況下，將這種擔心轉移到其他情景。

廣泛性焦慮症也被稱為「擔憂症」，原因顯而易見。這是一種最常見的疾病，大約 6% 澳洲人一輩子受其影響，其中 4% 每年最少會發作一次。[2] 這種疾病讓人很難活在當下並享受生活，確診者往往會想「萬一……該怎麼辦？」例如：

- 「現在所有狀況都很好，但萬一發生了什麼變化該怎麼辦？」
- 「我愛這個人，但萬一對方不愛我該怎麼辦？」
- 「我表現得很好，但萬一老闆不這麼認為該怎麼辦？」

當我們總是消極而違反事實地思考問題，焦慮就會牢牢控制我們。

廣泛性焦慮症的常見症狀表明，這種障礙會影響我們的思維、體感和行為。值得注意的是，當中許多症狀與緊張或擔憂的症狀相似。當這些症狀反覆出現且長期持續，才有可能是罹患廣泛性焦慮症的徵兆，必須由專業醫護人員判斷。

1. 想法：
   - 將注意力集中在最害怕的事上
   - 處理新訊息的能力有限
   - 思維不清晰
   - 「我不夠好」
2. 體感：
   - 由於感受到威脅而觸發「戰鬥或逃跑」反應
   - 心跳和呼吸加快

- 肌肉緊繃
- 腹瀉或腸胃不適
- 失眠
- 恐慌症發作

3. 行為：
- 生產力降低
- 倦怠
- 執行任務時表現不佳，錯誤增多
- 健忘
- 煩躁，表現為坐立不安、咬指甲或神經過敏
- 物質使用增加，如酗酒、吸菸或不良飲食。

對未來感到恐懼是焦慮症常見特徵，有時可能會讓我們陷入什麼也不做的狀態，因為對於一切都感到難以承受，所以我們會僵在原地，沒有任何作為。一旦處於這種狀態，不知道下一步該做什麼，可以試著回答下列問題：

最**仁慈**的自我
會怎麼做？

最**明智**的自我
會怎麼做？

最**勇敢**的自我
會怎麼做？

最**平靜**的自我
會怎麼做？

最**真實**的自我
會怎麼做？

最**快樂**的自我
會怎麼做？

最**優秀**的自我
會怎麼做？

---- **✏練習** 明智的心 ----

你可以將心分為 3 種狀態：理性、情緒和明智。[3] 你的理性之心由邏輯驅動，情緒心由感受驅動，明智之心則是兩者的平衡。每個人都擁有這 3 種狀態，但大多數人大多時候傾向於某一特定狀態。本練習旨在傳授你技巧：當痛苦來臨時能找回明智之心，採取理性回應時也能尊重內心感受。

當你對做決定感到焦慮，不妨深呼吸，想一想如何啟動明智之心。

| 理性之心 | 明智之心 | 情緒之心 |

理性之心	明智之心	情緒之心
・專注且深思熟慮 ・慢慢回應情況 ・以任務為導向 ・根據事實做決定 ・客觀、理智地處理情況	・謹慎、用心地生活 ・重視直覺和智慧 ・平衡理性和情緒 ・認清感受並理性回應，尊重這些感受	・自動自發 ・迅速回應情況 ・喜歡直覺和預感 ・受心情影響 ・衝動地處理情況，不考慮後果

描述你在這 3 種心態中各自的經驗：

情緒：_____

_____

_____

例如：抱一抱你在街上看到的小狗，因為牠很可愛

理性：_____

_____

_____

例如：不去抱你在街上看到的小狗，因為牠可能會咬你

明智：_____

_____

_____

例如：詢問主人可不可以抱一抱他們的小狗，然後小心地接近牠

把焦慮當成判別依據

　　從前文可以看出，焦慮被視為對自我意識、身分認同的一種威脅。它源自我們害怕自己不「正常」，促使我們關注未來而不是現在，從而助長了這種恐懼。我們每每因為擔憂未來而錯過當下的快樂，不幸的是，每天都有越來越多的人確診焦慮症，這些外部觸發因素我們已在第 2 章詳細探討。

疫情期間，全球的焦慮症和憂鬱症病例增加了 25%。[4]
然而，在疫情出現前，人們的整體生活滿意度也在緩慢下
降，特別是年輕人和失業者、社交連結較少的人、大城市
居民與原住民等族群。[5]

　　根據墨爾本大學的「澳洲家庭、收入和勞動力動態調
查」，近 10 年來，15 歲至 34 歲之間的人心理健康水準
急劇下降。[6] 雖然年輕人的心理健康狀況似乎最差，但有
證據表明，幸福感會隨著年齡增加。[7]

　　焦慮症明確存在著性別差異。超過四分之一澳洲女
性（27%）是焦慮症或憂鬱症確診患者，澳洲男性則約為
15%。[8] 造成性別差異的原因至今未明，但一般認為主要
來自生理差異（如大腦化學物質和荷爾蒙波動）與社會性
因素，比如男女薪資差距、女性的心理負擔（她們往往是
孩子和年邁父母的主要照顧者）、社會對女性外表和言行
的諸多要求等。

　　社會規範也會影響男性，可能會讓他們感到壓力，因
為害怕被視為「弱者」而隱藏情緒。這也可能是導致男性
數據較低的原因，會不會是因為他們較少求助，心理健康
狀況沒有被記錄下來？跨性別和多元性別的澳洲人也面臨
很高的焦慮症比例，研究指出這是普遍遭受歧視、缺乏歸
屬感或就業障礙造成的結果。[9]

每當焦慮來襲，我會胸悶、心悸、冒熱汗或冷汗。我無法控制地顫抖，結結巴巴，甚至說不出話來。我的胸部出現紅疹，整個人坐立不安。有時，我會痛哭流涕，少數幾次出現過度換氣、癱軟甚至昏倒的情況，這是車禍後診斷出來的高功能焦慮症造成的。

　　幸運的是，我控制焦慮的能力已經大幅進步。我會服用藥物，恐慌發作時我會嘗試探詢內在，除非實在太過嚴重。想太多確實無助於緩解焦慮，所以我試著放手，這確實很有挑戰性。我把每天的行程排得很滿，這樣就沒有時間想太多，但這會帶來另一種挑戰，也就是如何避免把自己搞到精疲力盡。我能採取的最佳解決辦法就是試著為自我和自身福祉投入更多時間。

貝卡，41 歲
維多利亞州吉普斯蘭

治療焦慮症

　　如果焦慮的念頭已經開始妨礙日常活動，可以運用一些策略來幫助我們專注於當下，減少焦慮的想法。不妨試試後面的技巧，並考慮尋求合格專業人士的協助，他們可以幫助你承擔責任，並分享控管焦慮的工具和技巧。

　　1. 進行讓你害怕的事：我們可能會為了一些事而經常焦慮，挑戰焦慮情緒的好方法就是每週做一件讓我們害怕

的事。例如，當你因為工作簡報而緊張到五臟糾結，那就先試著在本地圖書館擔任朗讀故事書的志工。

2. 記下煩惱：杏仁核是大腦的憂慮中心，它會讓我們恐慌到不能成眠，建議你寫下大大小小的恐懼來關掉它。這份記錄不需要做到完美無缺，也不需要採用典型的「親愛的日記……」開頭，只需要誠實。

找一本你喜歡的筆記本和一枝好寫的筆，坐下來寫下你的煩惱。不要修改或停頓，不要為了行文更優雅順暢就費心設計遣詞用字。這是練習，你只需承認並清除煩惱，把它們留在紙上，以便你可以繼續生活。

3. 確認事實：控管焦慮的最佳方法之一就是評估事實，然後讓自己專注於當下。焦慮是一種對未知事物的恐懼，因此緩解焦慮的快速技巧就是盡量活在當下；與我們所知道的真實事物保持連結。

不妨問問自己：「現在什麼是真實的？」以及「我擔心的事真正發生的可能性有多大？」記得要誠實地面對自己；如果你有焦慮傾向，很可能會把情況災難化。此時不妨嘗試後面的「去災難化」練習，以消除災難性想法。

4. 忘掉完美主義：完美主義傾向會給人一種虛假的控制感，儘管它們也會阻止我們完成任務。摒棄完美主義有助於我們接受瑕疵和不一致，它們是生活的一部分，

讓生活雖混亂但依然美好。謹記女性平等組織「挺身而進」（Lean In）的創始人兼作家雪柔・桑德伯格（Sheryl Sandberg）的名言：「完成勝於完美。」[10]

5. 設定時間限制：有一個實用方法可以從行為上挑戰焦慮，也就是對產生焦慮的行為設定時間限制。例如，當你擔心自己的穿著被同學或同事指指點點，不妨只給自己20 分鐘做好出門準備工作，這樣你就沒有機會對衣著選擇反覆考慮甚至猶豫不決。或者，你非常注重整潔，每週要用吸塵器 3 次，那麼你可以安排 5 天的下班後活動，這樣每週花在大掃除的時間就會減少到 2 天。

6. 釐清有誰真正在乎：因為擔心別人怎麼看你，所以總是保持低調？其實沒有人像我們想像的那樣在乎我們，他們甚至會擔心**我們**對**他們**的看法。

7. 練習放鬆：當我們處於焦慮狀態，如果有人大喊「放鬆就對了！」幾乎可以肯定不會有什麼幫助！不過，平常若能培養一些放鬆技巧，這時就能立即派上用場。放鬆可以減緩心率，降低血壓，舒緩肌肉緊繃，放慢呼吸，進而消除焦慮症狀。

不妨運用正念思考、深呼吸（參見本章後面的箱式呼吸法練習）和冥想等技巧，或者找一項能讓你放鬆的活動，比如畫畫、在林中散步或與寵物貓玩耍。

8. 備妥應對語句：應對語句是一些可以隨時取用的簡短事實或質疑，幫助我們驅散焦慮的念頭。這些語句包括「這件事也會過去」、「24 小時後這件事還重要嗎？」以及「不是什麼大災難，只是小小的不便」等。

無論哪種應對語句最適合你，訣竅是將它放在顯眼的地方，時刻提醒自己。例如，當你和朋友參加節慶活動時，將寫著「我有權待在這裡」的便利貼貼在醒目之處，可以幫助你驅散焦慮的想法。

9. 說出心理負擔：有時候，僅僅是對人提起煩惱，就能將煩憂減半。找一個願意聽你傾訴心理負擔的人，可以是信任的朋友、伴侶或父母。好朋友應該不帶偏見並樂意傾聽你對生活的擔憂。但是，如果你找不到固定交談的對象，不妨考慮找心理治療師諮商或寫寫日記，趕走腦海中的憂思。

🌀 練習　去災難化

災難化通常被稱為「加劇作用」、「過度思考」或「惡性循環」，它讓大腦過度運作，相信最壞的情況可能會發生，甚至完全無法避免。災難性想法往往會把問題誇大到超現實程度，一旦這種模式持續出現，就會對我們造成傷害。

去災難化是對於災難性想法的一種挑戰，讓感受回歸事實和現實，停止扭曲的思維。本練習近似蘇格拉底提問（參見第 9 章），但最佳運用時機是在極度擔心或最壞的情況下。

接下來舉例說明，如何運用去災難化技巧處理擔心考試不及格的災難性思維。

Q 我在擔心什麼？

A *如果沒有通過這次考試，這門課就會不及格，不及格的話我就無法升職，無法升職的話我就無法養家，無法養家的話我最後只能流落街頭，流落街頭的話朋友會跑光，朋友跑光的話……*

Q 這種擔憂有可能成真嗎？有什麼證據支持這一點？

A *也許吧，上一次考試我沒有通過，但那是因為我沒準備就考了，這次考試我一直在用功讀書。*

Q 好吧，如果擔憂成真，可能發生的<u>最糟情況</u>是什麼？

A *沒通過考試，意味著這門課不及格……但我可以選擇 6 個月後再次嘗試，課程也僅僅會延遲 6 個月完成。*

Q 但若擔憂沒有成真，比較<u>有可能</u>發生什麼情況？

A *我通過這次考試。我很緊張，也許成績不會好到哪裡去，但我一直很用功，所以我知道自己已經盡力了。*

Q 想像一下擔憂成真，1 週後我會有什麼感覺？

A *好失望，我會感到羞愧，覺得自己不夠好。*

Q 1 個月後呢？

A *我應該已經稍微好一點了，也能專心應付 6 個月後的第二次考試。*

Q 1 年後我會有什麼感覺？

A *要是能通過第二次考試，這件事再也不會影響我。萬一第一次考不過，我會更努力準備 6 個月後的考試。1 年後我應該沒事了！*

在上面的例子中，故事主人翁漸漸明白，這次考試就算成績不理想也不會是世界末日。

接下來請運用災難化範本，解決你經常遭遇的思維惡性循環。

Q　我在擔心什麼？

A　_____

　　_____

Q　這種擔憂有可能成真嗎？有什麼證據支持這一點？

A　_____

　　_____

Q　好吧，如果擔憂成真，可能發生的最糟情況是什麼？

A　_____

　　_____

Q　但若擔憂沒有成真，比較有可能發生什麼情況？

A　_____

　　_____

Q　想像一下擔憂成真，1 週後我會有什麼感覺？

A　_____

　　_____

Q　1 個月後呢？

A　_____

　　_____

Q　1 年後我會有什麼感覺？

A　_____

　　_____

—— 🖊️ 練習 箱式呼吸法 ——

箱式呼吸法（也稱為方形呼吸法）深受美國海豹突擊隊（Navy Seals）喜愛，是一種簡單且「隨處可做」的練習，可以幫助你在緊張情況下保持冷靜並提高注意力。整套動作做完後，你會以很慢的速度呼吸，心率也會慢下來，可以減少焦慮或快要受不了的感覺。

可能的話坐在椅子上，雙腳著地。然後閉上眼睛，全身放鬆。

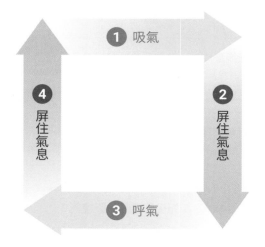

1. 用鼻子吸氣，同時數到 4。慢慢來，把注意力放在空氣進入肺部的過程。

2. 現在屏住呼吸，一樣數到 4，嘴巴和鼻子保持鬆弛（不要用力緊繃或緊閉）。

3. 用嘴巴呼氣，同時數到 4。跟剛才一樣慢慢來，把注意力放在空氣離開肺部的過程。

4. 再次屏住氣息，嘴和鼻子保持鬆弛，數到 4。

現在重複上述步驟直到做滿 5 次，或者視需要而定。

在吸氣和呼氣時，試著完全充滿及排空肺部。深呼吸整整 4 秒鐘，直到肺部再也無法容納更多空氣。呼氣時放慢速度，讓肺部幾乎沒有空氣殘留。

本章最重要的結論是焦慮不能定義我們。你可能是**受到焦慮困擾的人**；但你不是一個**焦慮的人**。以這種方式思考可以將疾病外化，讓它與我們分開，控管這些感受就會更加容易。

用焦慮症來描述或定義自己只會讓情況變得更糟。當你將注意力全都集中在焦慮症上，它就會在生活中占據太多空間。不要火上加油。

當情況令人難以承受，不妨做 3 次深呼吸，把注意力集中在深深吸氣和深深呼氣的過程，可以在焦慮時刻為我們的心理健康締造奇蹟。無論是每天都在承受壓力和擔憂，還是被診斷出患有更嚴重的焦慮症，本章的提示和技巧都可以幫助我們控制症狀。

但是，如果你覺得焦慮的症狀已經超出控制範圍，並對你的健康和福祉產生嚴重影響，那麼尋求專業協助就顯得非常重要（詳情請參閱第 17 章）。

Chapter 14

暫時低潮但希望仍在

如何應對難過、悲傷和憂鬱

　　每個人都有過傷心事，從兒時失去心愛的玩具，到上中學後想念小學同學，再到經歷第一次椎心刺骨的心碎或所愛之人離世。悲傷可能會讓人覺得心完全被掏空，好像永遠無法逃離麻木、沉重或失落的感覺。直到有一天，我們莫名其妙地擺脫了它。

　　通常，我們會因為某個經歷而變得悲傷，事過境遷後，當初伴隨悲傷而來的諸多行為，比如哭泣、自閉、飲食不健康或不進食等，也會跟著消散。不過，這些行為的

美妙之處在於宣洩作用。哭泣會讓人感覺無比舒暢，正因如此，我們喜歡看那些情節感人的劇集（嗨，《實習醫生》〔*Grey's Anatomy*〕），或者在下班回家路上聽那些讓我們尖叫流淚的專輯（嗨，愛黛兒〔Adele〕）。

悲傷是很常見的情緒，我們走出傷痛的恢復力每天都不同。例如，你可能在某一週覺得自己堅強無比，不料有天在街上看到一對老夫婦親吻，你忽然淚流滿面。很多因素都可能觸發當下的悲傷情緒，也許是你剛結束一段戀情，也許是你失去了祖父或祖母，也許是你的月經快來了，也許是你已經幾個月沒見到媽媽，也許是跟你很要好的年長同事為了照顧病妻而在近期辦了退休。

面對悲傷時，我們的恢復力也因人而異。在一般情況下，悲傷不會影響日常生活和工作，也許只是傷心幾分鐘就過去了。不過，更嚴重的悲傷可能是其他問題的徵兆。

悲傷

雖然「悲傷」、「難過」和「憂鬱」這三個辭彙經常被人們輪流使用，但它們的含義不盡相同。可以把難過視為悲傷的症狀，它是對失去的一種恰當反應。憂鬱則是大腦化學物質失衡的結果（更多相關資訊參見下一節）。

悲傷是失去某物或某人的情緒表現，失去的可能是

父親或母親、朋友或寵物，也可能是一些抽象的東西，例如，我們與伴侶共同期待的未來在關係破裂後發生變化，還有遭遇失業或重病等巨變，因而受到嚴重影響的自我認同。

　　人們感受悲傷的方式和程度各不相同，然而，大多數人都有一些共通之處，包括：

- 憂鬱症狀，如消沉、麻木、拒絕接受、空虛或孤獨
- 當我們與失去的人事物有複雜關係，則會產生憤怒、內疚、自責和解脫感
- 食欲不振、頭痛、入睡困難、免疫力下降、胸口悶痛（因而被稱為「心碎」）
- 持續不斷、難以承受的悲傷最終會化為餘波蕩漾，直到某一刻被記憶（不管多麼微不足道）觸動，它可能會再次出現

　　我們可以透過一些方式來紀念失去的人、寵物甚至未來，減少對日常生活的長期影響。健康的悲傷是正面積極的處理方式，它是我們需要做的正確選擇，不妨採取一些措施讓自己在悲傷中好過一點：

- **慢慢來**：悲傷不會照時間表出現，有這些情緒合情合理，我們應該以舒適的方式來感受它們，可以請心愛的人陪伴，也可以獨自一人或與心理治療師談談。

- **哭出來**：哭泣不代表軟弱，而是將排山倒海的情緒健康地宣洩出來。從這個角度來看，哭泣能幫助我們更快好起來。下次有傷心事時，不妨痛快地發洩出來吧！

- **尋求協助**：按自己的方式度過悲傷固然重要，但也可以從有完全或部分相似經歷的人身上找到慰藉。談論自己的感受並了解同病相憐的人如何走過低潮期，有助於卸下情緒重擔。

- **尊重並接受失去**：不要試圖把你正在哀悼的人、寵物或事物從腦海中趕走，反而要隨身攜帶照片或紀念物，在集體慶祝活動上為他們舉杯，或與所愛的人談論他們的優秀特質，藉以紀念他們。失去已成定局，這些行動可以幫助我們接受它，同時讓他們長存記憶當中，這是解脫的重要一環。

- **重寫未來**：如果我們正在哀悼的是某種形式的未來，那麼在制定新計畫前，先設想一下新願景非常重要。不需要想得太遠，既然它是在失去的前提下出現，只要專心去想你希望的新未來是什麼樣子就夠了。例如，明年我們可能不會再和伴侶一起去歐洲，但或許可以把省下的

錢花在自己身上，比如和最好的朋友一起來趟海岸公路之旅。

- **學會在悲傷中成長**：雖然失去看起來令人難以承受，但我們遲早都會懂得在悲傷中成長。這並不意味著再也不在乎，只是我們變得更有能力承受這份重擔。明白這一點可以幫助我們處理任何與悲傷相關的內疚。

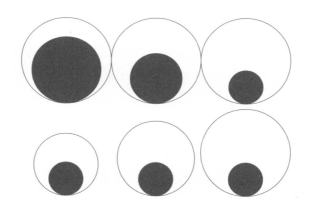

圖 14-1　人的悲傷不會隨著時間流逝而減輕（上排），而是學會每天在悲傷中成長（下排）。

一定要記住，流露悲傷情緒並非示弱，而是一種力量展現和應對機制。當你覺得尋求心理治療師的協助可以有效控管悲傷，不妨一試。畢竟，人若是沒有愛，又怎麼會有悲傷？

悲傷時，全世界會縮小，變成一個很小的點。其他人事物都不存在，也不重要。你唯一關注的就是自身的遭遇和感受。我很幸運有很棒的伴侶，在第一次流產後，我們相擁而泣，互相傾訴所有想法和感受，包括小事和大事，也包括艱難和快樂的時光。

直到有一天，褪色的事物重拾色彩，世界慢慢明亮起來，你終於熬了過去。儘管傷痛永遠不會消失，但不再那麼鮮明，也不再令人窒息。

撐過這一關可以培養韌性、力量和自信。即使後來一次又一次面臨流產，我知道我們一定會熬過去。但這純屬理智層面的認知，無法幫助我迅速走出悲傷。雖然明白遲早有一天會熬過去，但我仍然有過一段黑暗時光，內心充滿悲傷和憤怒。

對我來說，無論是和伴侶、家人、朋友還是諮商心理師交談都有幫助。我並不是非要透過談話找到解決辦法，而是要說出並承認自己的心情。

瑪蒂達，42 歲
新南威爾斯州獵人谷

憂鬱

悲傷和憂鬱的主要區別在於持續時間。比起憂鬱，悲傷較為短暫，隨著人生的失意和沮喪來來去去。我們通常能夠在獲得協助的情況下及時走出悲傷，往往幾週或幾天就能恢復正常活動。憂鬱則是一種情緒障礙，持續時間長

到令人厭煩，還有可能演變到非常極端的地步，以致影響明智思考和行動的能力，或者影響我們維繫積極人際關係的能力。憂鬱症狀通常時好時壞，但若持續存在會使我們慢慢陷入更嚴重的情緒低落。

憂鬱症與躁鬱症並列為最常見的情緒障礙，它也是澳洲第二大心理疾病，僅次於焦慮症。[2] 有些人認為這句俗語源自中國哲學家老子的思想精髓：「憂鬱的人活在過去，焦慮的人活在未來，心平氣和的人活在當下。」*

隨著年齡增長，我們可能不再像以前那樣有魅力、受歡迎、成功或快樂，很容易渴望生命中曾經擁有的樂趣。每個人在人生旅途中都會經歷失去，舉凡失去一個人、事物、體能、清晰的思路、青春……這些都會導致難過、悲傷、焦慮、憤怒等情緒。

但當憂鬱變成絕望感且無法隨時間淡化，即使臉上掛著笑容，內心可能在哭泣，此時我們可能患上了憂鬱症。

重度憂鬱症可由心理治療師使用 K10 工具診斷，表現為心理和生理方面各種負面症狀。雖然社會上有時將它歸為憂鬱症，但一般憂鬱症不一定會出現哭泣和自殺念頭。

---

* 編註：原文為「If you are depressed you are living in the past. If you are anxious you are living in the future. If you are at peace you are living in the present.」在網路社群上被廣泛流傳並將出處歸於老子，但事實上應為誤傳。

> 我覺得自己沒用，有空虛感、侵入性想法或自殺念頭，我會自殘、有解離情況、不注重衛生、飲食過量或不足、動力不足甚至完全沒有動力。此外，我還酗酒、離群索居，並患有焦慮症。
>
> 艾希拉，26歲
> 維多利亞州墨爾本市

重度憂鬱症會持續很長時間，可能包括下列症狀：

- 幾乎沒有精力
- 暴飲暴食或根本不進食
- 睡眠習慣改變，比如入睡困難或嗜睡
- 反覆出現自殺或自殘念頭
- 假笑或微笑時眼睛沒有笑意
- 在情感上與他人保持距離
- 感到內疚、沒用、難過、孤獨或易怒
- 對以前喜歡的活動失去動力和興趣
- 經常向公司或學校請病假
- 感到被困在迷霧中，被某種東西壓得喘不過氣來，覺得「無趣」或「麻木」
- 不和朋友及家人來往，避免參加社交活動

- 透過自殘尋求解脫或分散注意力，包括對自己刀割、拳打、燒燙，或將尖銳物品刺入皮膚
- 放棄基本衛生習慣，如洗澡、梳頭或更衣

憂鬱症類型

上述的重度憂鬱症是澳洲人常見的憂鬱症類型，還有其他嚴重的憂鬱症也有類似症狀，包括：

- **季節性情緒失調**（Seasonal Affective Disorder）：當天氣陰沉或下雨，尤其是持續了好幾天，你是否會發現自己情緒低落？季節性情緒失調常被簡稱為 SAD（悲傷），這是一種非常真實的憂鬱症，最容易在冬天發作。幸運的是，跟某些國家比起來，澳洲的冬天沒那麼可怕，那些國家的白天很短，曬得到太陽的時間大大受限，澳洲人頂多經歷一、兩個月的季節性情緒失調。
- **陰霾型憂鬱症**（Melancholic Depression）：嚴重陰霾型憂鬱症患者對一切都感到「麻木」。他們難以入睡，非常懶散，即使遇到正面積極的事也無法反應，並且覺得生活沒什麼樂趣。
- **產後憂鬱症**（Postnatal Depression）：每 7 位澳洲產婦就有 1 位罹患產後憂鬱症，[3] 往往持續 2 週以上，影

響她們照顧新生兒。症狀包括重度憂鬱以及對嬰兒或伴侶的安全產生不合理的恐懼。大約 40% 產後憂鬱症婦女在懷孕期間就開始出現症狀。

- **精神病型重度憂鬱症**（Psychotic Major Depression）：當重度憂鬱症伴隨幻覺和妄想，就會成為精神病型重度憂鬱症。

- **非典型憂鬱症**（Atypical Depression）：當一個人有許多重度憂鬱症症狀，但尚未達到確診標準，那麼可能是非典型憂鬱症。最常見的症狀是食欲增加導致體重上升、對於被人拒絕很敏感以及起床困難。

　　重度憂鬱症最常見的成因有兩種，一是被某種因素觸發，比如生活壓力大（又稱為反應性或情境性憂鬱症），二是生理狀況引起，亦即大腦中的化學物質失衡（又被稱為生化性憂鬱症）。

　　導致憂鬱症的常見生理因素包括濫用或戒斷非法藥物、神經系統疾病（如多發性硬化症或癲癇）、內分泌失調（如糖尿病）以及性荷爾蒙波動。例如，女性在生理期可能會出現經前不悅症（premenstrual dysphoric disorder, PMDD），這比經前症候群（premenstrual syndrome, PMS）（常見症狀包括月經前想吃巧克力或易怒）還要嚴

重。經前不悅症會在月經前幾天至前幾週出現，除了典型的經前不適症狀，還會產生重度憂鬱。

我們的大腦無法調節某些神經傳導物質（如血清素），這可能既是憂鬱症的原因**也是**症狀。雖然憂鬱症偶爾會有家族遺傳傾向，但不一定與遺傳有關。無論是什麼成因，憂鬱症都會讓人產生「為什麼是我」的疑問，導致我們陷入更深的絕望中。正因如此，我們必須盡快治療憂鬱症，避免陷入惡性循環。

> 我想告訴憂鬱症患者不要放棄。不要放棄自己和未來，也不要對醫療體系失望。你有資格過原本的生活，情況不會一直這麼糟，情緒也不會一直這麼低落。你比自己想像的要能幹得多，不要害怕尋求協助和支援，因為你並不孤單，也不是負擔，人們真心希望看到你健康茁壯。
>
> 艾希拉，26 歲
> 維多利亞州墨爾本市

控管憂鬱症

提到憂鬱症，首先要記住的是你並不孤單。憂鬱症是澳洲人的常見疾病，但它不能定義我們。當你陷入憂鬱，出現許多想法、感覺和行為，不妨採取下列應對措施：

1. 找到保護因素：當我們需要時可以向誰求助？哪些人事物讓人生變得有價值？我們是哪些對象（比如寵物、孩子、父母）在世間的依靠？以上都是我們的保護因素，是我們活下去的理由。當你覺得日子很難熬，請找出這些因素並好好放在心上。

2. 使用正面語句：我們對憂鬱症的思考和談論方式，決定了情況是好還是壞，好的話可以有效解決症狀，壞的話反而會增加負擔。

例如，「你的憂鬱症正在發作」和「你很憂鬱」，哪種說法讓憂鬱症看起來更容易控制？當然是前者，它讓我們更容易設法控制症狀（也就是我們**正遭遇的情況**），而不是像後者讓人覺得它其實是我們內在的一部分（我們**本來就是這樣**）。用字遣詞很重要。把注意力放在解決方案上，了解我們能為自己目前的狀態做些什麼，不要一直關注問題本身。

3. 告訴別人我們正在受苦：家人和朋友會想知道我們過得好不好，要透露多少就看個人決定，但有時簡單一句「我今天過得不好」就足以表明我們需要關懷。這在工作場所可能特別不容易辦到，願意的話可以找一位同事（直屬上司是最理想的人選），把你的診斷結果告訴他們。

你可以這樣解釋：你知道對他們談論自己的心理健康

有些反常，但你還是希望他們知道這件事，以便當你說出今天過得很不好，需要戴上耳機隔絕外部觸發因素（例如吵鬧的同事）時，他們會同意你這麼做。當然，每個工作場所不盡相同，試著找到關係親近又適合你的協助對象。

4. 服藥：現今人們對於服藥治療心理疾病仍有少許偏見，但這是絕對不應該發生的情況。明明有藥物可以提振心情，我們為什麼不服用呢？

處方藥對憂鬱症有非常好的療效，但很多藥物都有副作用。正因如此，密切監測情緒波動並向醫師報告很重要，醫師則應安排定期檢查。在澳洲，憂鬱症最常見的藥物是選擇性血清素再吸收抑制劑（SSRIs），這類藥物也常用於治療焦慮症。它需要一段時間才能對身體產生作用，有時長達 4 週，因此最好堅持服用，並在醫師協助下控制副作用。記住，當藥物開始生效並改善你的情緒，並不意味著可以在沒有諮詢醫師的情況下停藥。你的心情好轉是因為藥物正在發揮效用！

維生素 B12、魚油和鋅等營養補充品也有助於改善情緒。請醫師為你檢驗血液中的維生素濃度，在開始服用任何補充品前，一定要向醫師諮詢。

5. 挑戰憂鬱思維：憂鬱症患者與焦慮症患者一樣，最重要的是挑戰負面想法並區分虛構與事實。處於憂鬱狀態

時，我們可以嘗試將負面想法（「我很沒用，對社會沒有任何貢獻」）轉為理性想法（「我很有用，有實際貢獻，因為我逗朋友開心／創作傑出的藝術作品／幫助公司達成目標」）。

6. **建立自尊**：憂鬱症與自卑有關，我們可以透過下列方式建立自尊：提醒自己有哪些專長、按自己的價值觀生活、注意基本衛生、嘗試新造型或髮型，以及做自己喜歡的事。

7. **動起來，吃得好**：飲食對心理健康有重要影響。一些研究表明，多吃新鮮全形食物和多喝水可降低罹患憂鬱症的風險，而多吃加工肉類、高脂肪和精製糖等食品則會增加風險。[4] 此外，研究也證明，每天活動 30 分鐘有助於緩解憂鬱症狀。[5]

陸續有研究發現，一個人的飲食品質與罹患憂鬱症的風險有顯著關聯。大量研究證實，良好營養可以促進心理疾病治療的效果。改善腸道健康有助於提升心理健康，反之，腸道健康的負面變化也會對情緒產生負面影響。腸道微生物會產生血清素、多巴胺等神經荷爾蒙，並對它們產生反應。腸道血清素會影響情緒、食欲、睡眠和大腦功能，因此吃對食物非常重要。

> 我建議採用地中海式飲食，不妨多多攝取提供以下營養的食物：omega-3 脂肪酸，如核桃、魚、亞麻籽、奇亞籽、大麻籽和綠葉蔬菜；植化素，如香草、香料、水果、蔬菜、全穀物、堅果、種子、咖啡、紅茶、綠茶和紅酒；B 群維生素，如綠葉蔬菜、全穀物、魚、肉和雞蛋；維生素 D，透過陽光或在冬季以營養補充品來補足；花青素和硫代葡萄糖苷，分別存在於藍莓和花椰菜中，這兩種營養素都能讓大腦更順暢地運作；以及能提升心理健康的生物活性化合物，在特級初榨橄欖油中可以找到這種營養素。
>
> 克洛伊・麥克勞德，領有合格證照執業營養師

8. 安排積極活動：最能讓你樂在其中的簡單小事是什麼？無論是喝下一天中的第一杯咖啡，在最喜歡的電子遊戲中升級，還是親手捏製小陶罐，不妨安排一些帶來快樂的活動，讓日子過得更愉快。運用後面的「5 件快樂的事」練習來提醒自己，多多接觸那些讓你的心歡快高歌的事物。

9. 設定目標：在待辦事項清單劃掉完成的項目或達成一個小目標，有獎勵作用的化學物質多巴胺就會微微上升。設定並寫下「繞街區散步」、「為自己做一頓營養豐富的晚餐」或「重讀最愛的書」等小目標。每當你從清單上劃掉一項成就，就會自然而然地快活起來！

10. 追求愛好：找出自己的動力可以為生活帶來目標，使我們活得有價值。但重要的是要記住，不一定要像「阻止氣候變遷」（儘管此事人人有責）之類的偉大目標，而是要設定一些可以堅持的小目標。

例如，也許你熱愛動物，但不需要去海洋守護者協會（Sea Shepherd）做幾個月志工，不妨先從本地的流浪動物救助中心領養一隻小狗開始。將注意力轉移到新的愛好，也就是這隻小狗身上，你就不會再陷入悲傷的惡性循環中，而是全心守護並照顧家裡的新寵物菲多。此外，這個新愛好還會迫使你到戶外散步，你沒有機會整天躺在床上，畢竟總得要有人帶小狗去戶外撒尿！

11. 向親友尋求協助，儘管這是我們最不想做的事：沒錯，情緒低落時，我們只想遠離其他人，但盡量不要這樣做。我們可以與親密好友進行社交活動，但不需要大費周章地盛裝打扮或離開自己的社區去找他們。可以穿上運動服，戴上帽子，一起在附近公園散步。朋友不會在意我們的外表，只在意我們願不願意和他們聊天。真正的友誼絕對不會因為說出內心感受就破裂。

對抗憂鬱很難，人難免遇到低潮，往往好一陣子跨不過去情緒的關卡。我們會遠離他人，獨坐黑暗中，不接電

話，閱讀網路上的負面文章或部落格，並擔心幾天、幾個月或幾年前做過的事，凡此種種都會助長憂鬱情緒。

然而，重要的是不能一直停留在這種狀態中，要坦然接受處境，盡全力前進。不過，單憑一己之力可能會覺得力不從心，我們不應該孤軍奮戰，不妨向你信任的好友、家人、老師、同事或心理治療師尋求協助。

如果你想不到有誰可以幫你，或者你不想打擾他們（這種想法雖然真實但毫無根據），可以打電話或傳訊息給心理健康服務機構，或者向你固定就診的家醫科醫師求助，請對方提供心理健康治療計畫（Mental Health Treatment Plan）。

練習 5 件快樂的事

「5 件快樂的事」練習讓你以簡單的方式感恩，並且提醒自己生活不全是壞事，幫助你在情緒低落時記住生命中美好的事物。

在後面欄位裡寫下 5 件能為你帶來快樂的事。應該挑選那些很容易實現、不需要倚靠任何外力或外援（比如他人或大量金錢）的小事。例如，「一杯非常好喝的咖啡」、「光腳踩在草地上」、「感受陽光照在臉上」、「回家時寵物狗跑來迎接我」。

寫完「5 件快樂的事」，把這一頁拍下來，或者抄到便利貼上，貼在浴室鏡子或辦公桌上。這份清單應該一直隨身攜帶，以便你情緒低落時可以立刻拿出來看。此外，你應該刻意安排，每天至少做一件快樂的事。

不妨在社群媒體與我分享你的「5 件快樂的事」。也許我們能從彼此清單中獲得靈感。請搜尋關鍵字：#PaperbackTherapy。

我的 5 件快樂的事……

1

2

3

4

5

朋友蜜雪兒去世時，很多人問：「像她這樣的人怎麼會那麼憂鬱？」她動力十足，充滿正能量，事業上表現出色，戀情美滿幸福，自信、善良且非常美麗。這件事突顯了我們對憂鬱症的了解少得可憐，也許該說是我們對憂鬱症的關注少得可憐。

　　親愛的蜜雪兒罹患憂鬱症，令我感到無助、沮喪、鼓舞、有希望、心碎和失去連結，可以說五味雜陳，但也從中學會了很多。我希望竭盡所能拯救朋友，也盼望學到的經驗可以與他人分享，一起做得更好。

　　憂鬱症是社會問題，我們需要停止將責任歸咎於個人，並開始改變行為。我們必須支持和幫助那些陷入心理困境的人，就像幫助身障人士一樣。當然，兩者之間還是有很多差異，而且對方必須主動希望獲得協助。如今我領悟了一個道理：我們每一個人都能開始改變。當我們更深入了解，就可以做得更好，因此我會一直努力嘗試，永不停歇。

凱莉，39 歲
新南威爾斯州北河區

自殺

　　某些人可能會認為，自殺是擺脫憂鬱的唯一「出路」，但事實並非如此，我們一定可以找到願意且能夠提供幫助的人。據估計，澳洲有一千多萬成人的親友、同事或熟人中有自殺身亡的例子，他們可能根本不知道對方飽受憂鬱

症所苦或打算結束生命。[6] 雖然如此，我們還是可以歸納出常見的因素，包括：

- **性別**：儘管女性嘗試自殺的頻率高於男性，但男性自殺身亡的風險更高。事實上，在 2021 年的人口普查中，澳洲男性占自殺死亡人數的 75%。[7]
- **原住民背景**：澳洲原住民死於自殺的可能性是非原住民的兩倍。[8]
- **年齡**：自殺風險在中年時期增加，自殺死亡的最高比例發生在 30 至 59 歲之間。[9] 此外，2021 年澳洲 15 至 17 歲的死亡人口中，有 34% 的死因是自殺。在 18 至 24 歲的澳洲人中，這個比例為 35%。[10]
- **經常浮現自殺念頭**：雖然不能保證一定會付諸行動，但經常浮現這種念頭的人很可能會增加自殺風險。
- **擬定計畫**：當一個人已經從模糊的自殺想法轉變為擬定了自殺計畫，那麼他的自殺風險就會增加。
- **獲取工具的便利性**：當一個人擁有實施自殺計畫的工具，比如拿得到武器，那麼他的風險就會增加。
- **人際關係、財務或醫療問題**：個人問題（如與配偶、摯友或父母不合）、財務問題或醫療問題（如身障或罹患絕症）都會增加一個人的自殺風險。

- **朋友或家人自殺身亡**：當一個人的親朋好友自殺身亡時，他本人自殺的風險會增加。
- **失去重要人事物**：親人或寵物死亡、失業、失去家庭或其他貴重物品，都會增加一個人的自殺風險。
- **孤獨**：缺乏與群體、職場、家庭和朋友的連結會喪失保護因素，降低與世界保持連結的意願。
- **物質濫用和危險行為**：自殺身亡與越來越多的吸毒和酗酒有關，可能是因為物質濫用會降低人的自制力。此外，從事危險行為的人，如熱衷於濫交或魯莽駕駛（這些行為本身也不安全），可能面臨更大的自殺風險。
- **創傷**：虐待、霸凌和忽視等創傷事件，無論是對情緒、身體、社交或性方面造成創傷，都可能帶來自殺風險。
- **贈送財物**：終止合約、將珍貴物品贈與他人或更改遺囑都可能是打算自殺的跡象，尤其是在結合其他跡象的情況下。

　　憂鬱症患者可能會產生自殺念頭，但不一定會付諸行動。缺乏動力是憂鬱症的一種症狀，往往可以發揮預防作用，讓人無法進行制定和實施自殺計畫所需的準備。重要的是，無論你是否認為某個人會自殺，都要認真對待任何有關自殺的言論。應立即找專業人士介入，比如醫師、心

理治療師或權威人士等。

> 有時候我覺得自己好像無感，什麼都感覺不到，通常我會知道這是憂鬱症有點發作的緣故。如果我獲得榮譽或有美好的遭遇，我會覺得心裡完全空虛，無法樂在其中。我動不動傷心流淚，覺得非常孤獨。我不會向外求助，也不和任何人談論這件事，只是默默等它過去。這種感覺很沉重，好像看不到盡頭。我現在開始慢慢學習，盡可能善待自己，我會問自己：「什麼東西對我有好處，符合我現在的需要？」然後幫自己找來那個東西。
>
> 貝卡，41 歲
> 維多利亞州吉普斯蘭

　　心理治療師可以消除與憂鬱症和自殺相關的羞恥感，在診間與你開誠布公地談論它們，幫助你控制這些負面想法。他們會直接詢問你的感受來源和發生頻率，協助你透過談話找出絕望情緒的成因。如果你無法尋求治療，可以嘗試後面的練習，找出你的保護因素和支持系統，它們有助於提醒你，你並不孤單，而且有充分理由留在這個世界。

　　對抗難過、悲傷和憂鬱的方法有很多。但是，當我們向支持系統求助，主動採取措施來控制症狀，並提醒自己多看人生中快樂且令人心存感激的事物，我們就可以大大

提高這場戰鬥的獲勝機率。如果你有嚴重的憂鬱症或自殺念頭，請立即致電醫師或服務機構尋求協助。

我的保護因素 我為了誰活著？	我的支持系統 誰會支持我？
例如：寵物貓毛毛，我餵牠並拍拍牠	例如：工作夥伴愛蜜麗
例如：我種的黃金葛需要我每週澆水	例如：伴侶艾藍

第三部分

隨手可得的協助資源

Help is at Hand

Chapter 15

我在你左右

如何幫助陷入危機的親人

有時候,在心理問題中苦苦掙扎的不是自己,而是和我們非常親近的某個人。眼見朋友或家人陷入困境,我們會覺得非常難受,可能不知道該說什麼或做什麼,這都是人之常情。

以下列出一些親友遭遇心理健康問題的常見跡象,但並未全面涵蓋:

- **忽視個人衛生**:他們不再梳頭,不再像以前那樣打扮,

也懶得洗澡等。

- **變得孤僻**：他們不再主動找人聊天或見面，或者比往常更頻繁地取消計畫或約定。我們可能會注意到他們傳訊息的模式改變了，以前很快回覆的朋友現在很少回覆。

- **眼睛失去「神采」**：他們不再像從前那般快樂，我們打從內心深處覺得不對勁。

- **從事「日常」事務很吃力**：他們告訴我們，最近失眠或嗜睡，或者上班、上學時無法專心。

- **不把自己的命放在心上**：他們做出比平時更危險的行為，比如曠職或曠課、酗酒或吸毒、違規駕駛等。

- **身體狀況發生劇烈變化**：我們注意到他們的體重明顯減輕或增加，或者皮膚出現無法解釋的痕跡。

- **他們以迂迴方式說出困境**：他們想討論絕望、憤怒或悲傷的感受，或者提起死亡，但談話時淚流滿面或神情冷漠；此外，他們擔心從來不曾困擾他們或不太可能發生的事。

　　心理治療師進行個案陳述時會找出客戶的保護因素，它們是生活中透過連結來促進良好心理健康的人事物，包括身體健康和有益健康的行為、強烈的文化認同和群體歸屬感、依賴我們的人（孩子、年邁父母或寵物）以及我們

的社會支持系統（朋友、家人、社群和同事）。當親友遭受痛苦，我們可以成為他們的社會支持系統中寶貴的一部分，這是一個人所能擁有最好的保護因素之一。

　　社會支持泛指我們不如意時可以求助的人，對方會不帶批判地傾聽我們的心聲，在我們還沒想到自己需要時就送來一個大大的擁抱，還會保護我們的感受，因為這對我們來說很重要。問題是，當我們處於危機時刻，往往很難認清誰是我們的社會支持系統的一員。

　　當你注意到所愛的人正苦苦掙扎，積極主動關心對方非常重要。我們能給予最關鍵的協助就是提醒他們，我們會一直陪伴並愛護他們。

　　記住，即使你不知道該說什麼，只是傾聽也有幫助。一句簡單的回答「我不知道該說什麼，但我在這裡陪著你」就能發揮很大的作用。

幫助親友脫困的技巧

　　當我們認為自己在乎的人正遭遇危機，不妨運用下列技巧幫助他們。

成為對方的好夥伴

　　日子不順心時，「心理健康好夥伴」是值得依靠的人。我們可以對所愛的人鄭重表明，我們是他們的心理健康好

夥伴，這樣做也就等於宣告，他們可以隨時找我們聊天，我們也可以隨時找他們談談。

決定你最喜歡的連結方式，然後讓所愛的人知道。你可以設立「心理健康好夥伴」WhatsApp 群組或透過 IG 的私訊功能，提醒彼此你們是對方的好夥伴。

展開對話

對別人傾訴心聲可能很難，尤其是本來就不習慣這樣做的人。選在親友放鬆的時刻找他們談談，有助於他們敞開心扉。提供協助貴在了解對方的創傷和觸發因素，並確保在討論過程中，盡可能避開這些因素。此外，我們在幫助別人時，不應犧牲自己的需求、安全或健康，這才是成功的做法。

當你幫助有需要的人，用字遣詞非常重要。不妨提出開放性問題，鼓勵對方說出完整句子，而非僅僅以「是」或「不是」來回答，這樣一來有助於我們了解對方的感受來源，並找出自我傷害的風險。良好的溝通之道是開放式提問（「你今天覺得如何？」）而不是先入為主地確認（「你今天還會難過嗎？」）。

布芮尼・布朗的著作《召喚勇氣》曾登上《紐約時報》暢銷書排行榜，她在書中談到同理心（**與**他人的感受相同）和同情心（**對**他人的感受）的差異。同理心促進人與人的

連結，同情心則助長疏離感。不要擔心自己不夠完美或說錯話，展開對話總比什麼都不做要好。

朋友可能不會馬上向你敞開心扉，但他們會知道，當他們下一次準備好傾訴時，你就在他們身邊。不要低估這一點的重要性。

不要保密

所愛的人很可能希望我們對彼此的談話保密，但如果他們談到自殘或虐待，我們一定要告訴信任的人。他們一開始發現我們洩漏秘密，辜負了他們的信任，或許心裡會很不好受，但說不定我們因此救了他們的命。

幫助他們獲得幸福

進行一些簡單的活動，有可能「開啟」幸福的化學物質。

神經傳導物質多巴胺是神經系統釋放的化學物質，幫助我們獲得快樂感和獎勵感。與遭受痛苦的親友一起聽音樂或創作，有助於釋放多巴胺，促使他們尋求新體驗或完成一些小活動，例如讀一本書或拼一幅拼圖。

另一種神經傳導物質是血清素，它是快樂和幸福的化學物質，可以透過運動、冥想、健康飲食甚至日光浴來獲取。不妨帶心愛之人去公園野餐，享用美味的沙拉，之後再散散步，這會讓他們的心情更好。

與他們分享資源

　　我們常和朋友分享自己的愛好，當所愛的人因心理問題而自我封閉時，我們可以善加運用這一點來幫助他們。當你看到一些有趣的文章或迷因梗圖，你知道他們也會喜歡，不妨跟他們分享，或者挑一個你們討論過的話題，把相關的（聽了會心情好轉！）播客連結傳給對方。

　　當我們陷入危機之中，即使是簡單的任務也會令人望而生畏。送心愛的人沐浴用品禮盒或速食調理包，讓那些原本看似難以完成的洗漱或吃飯任務變得輕鬆一些。你還可以與對方分享在本書中獲得的啟示，或者引導他們瀏覽 IG 的「@bare__therapy」頁面，讓他們直接在手機上獲取心理治療師認可的觀念和技巧。

提醒他們注意美好的事物

　　當我們情緒低落，感到嚴重憂鬱時，很難發現生活中美好的一面。一切看起來都很無聊或毫無價值，過去喜歡的東西也不再吸引我們。

　　將事實（「人生難免不如意」）與虛構（「人生處處不如意」）區分開來，藉以提醒所愛的人，生活中的美好事物對他們的心理健康會產生正面影響。不妨與他們分享正在發生的美好事物，幫助他們理解這一點，比如帶他們去動物公園看小狗跑來跑去，去對方家裡一起觀賞小時候

愛看的電影，或者滿月時傳訊息，鼓勵他們到外面欣賞月亮。提醒他們關注當下的美好，而不是沉湎或回憶過去，讓他們明白，此時此地有些人事物值得我們好好生活並享受。

向他們推薦專業協助

當親友為心理問題苦苦掙扎，我們可以提供最好也最簡單的協助，就是把我們認為幫得上忙的專業心理治療師或協助人員（醫師、青少年輔導員或教師）的詳細資訊轉給他們。

運用第 17 章「尋求專業協助」的提示，找到適合對方的專業人士並分享詳細資訊，以便他們決定是否向專家求助。如果雙方都能接受，你可以陪同對方就診，做為額外的支援（你不需要進診間，在治療前後在場即可）。

心愛的人可能還不打算接受治療，或者他們已經在接受治療，只是在遇到危機時需要額外支援。如果是這種情況，不妨跟他們分享生命線服務的號碼（台灣請撥1995），以便他們隨時需要都能立刻派上用場。如果照顧親友讓你覺得吃不消，你也可以自己撥打生命線求助。

記住，心愛的人是否尋求專業協助，是否利用專業支援來治療疾病，最終都是他們自己的選擇。我們不對他們的行為負責，但可以提供求助管道來協助他們。

傷害行為無論來自何方都不應該，當你嘗試協助的心愛之人傷害你，或者他們威脅要立即傷害自己，你有權立刻撥打 110。

> 我曾經認為某些罹患心理疾病的人只是因為不夠努力，直到我被憂鬱症和精神病迎頭痛擊後，想法發生了天翻地覆的改變。現在我反而認為，精神病患是全世界最強壯、最勇敢的人。
>
> 理解並認可你所愛的人並非主動選擇以這種方式去感受人生，這一點非常重要。對心智健全的人來說，看到親友變成這副樣子很容易感到沮喪，或者覺得對方沒有努力好起來，甚至對於他們沒有將學到的技巧用來改善心理健康而感到惱火。
>
> 當某人狀況不好，不一定有動力去改善，這通常也意味著對方沒有動力運用學到的技巧來改善心理健康。
>
> 凱莉，39 歲
> 新南威爾斯州北河區

當你的生命中有某個人正在心理問題中苦苦掙扎，不妨跟對方分享後面的清單。當中包括一些簡單的活動，可以幫助他們的日子更加平靜和快樂。表格底下有些空白欄位，讓他們自行添加喜歡的活動。

多做	少做
光腳踩在草地上	收聽犯罪型播客節目
啟動手機的「勿擾」模式	閱讀虐待情節的書
進行 5 件快樂的事（見第 14 章）	看新聞
閉上眼睛深呼吸	漫無目的地瀏覽社群媒體
點燃蠟燭（而不是留著以備不時之需）	攝取過多咖啡因
聆聽讓心情平靜的音樂	離開並躲避朋友或家人
服用藥物或維生素	吃垃圾食物
傳訊息給朋友或跟他們見面	睡覺時穿著髒衣服或躺在髒床單上

為心理健康有問題的人騰出空間，有時會對我們產生有害影響。就像大家都知道的搭機安全指示，在幫助他人之前，我們必須先戴好自己的氧氣面罩。在幫助所愛的人這件事上，這個比喻是很好的提醒，照顧他人同時也要照顧好自己。

　　無論我們多麼愛一個人，努力撐住他們還是會讓我們疲憊不堪。為了能夠繼續有效支援所愛的人，在注意他們的狀況之際也要注意自己的狀況，這一點非常重要。

> 　　要成為協助者，需要一個人付出大量努力，包括持續學習，即使失敗仍一再嘗試。你必須仔細關注自己的情況並設定界限，當你一心想要幫助別人時，很難做到這一點。你必須不斷學習，閱讀書籍，收聽播客，與心愛之人和其他可能提供協助的專家交談。此外，還要幫助對方補充營養、運動和睡眠，你自己也不要忘了去找心理治療師談談。
>
> 凱莉，39 歲
> 新南威爾斯州北河區

檢查自己的狀況

　　你和處於危機中的親友交談後，可以找個安靜的房間問問自己：

- 我覺得還好嗎？現在的我覺得吃不消還是仍有餘力？
- 當我協助心愛的人，誰在身邊支持我？伴侶或我自己的心理治療師是否需要了解我正在協助別人，以便讓我依靠？
- 我現在能不能真的辦到，或者需要設定界限，將親友介紹給其他能夠幫助他們的人，從而保護自己？
- 在協助心愛之人時，我是否還能繼續日常活動，比如盡到工作和家庭責任？如果這些活動受到影響，這種情況還能持續多久？
- 最近我為自己的心理福祉做了什麼？怎樣才能輕鬆創建「第三空間」，並將協助行動與一天中其他時刻區分開來？
- 我是否有其他方法可以協助所愛的人，又不會讓自己陷入內耗？例如，我是否可以主動為他們打掃房間，帶他們去兜風，為他們送上已經做好的營養餐？

　　記住，我們應該量力而為。即使只是小小的協助，也可以帶來巨大的改變。

Chapter 16

如果你只讀這一章……

值得你銘記在心的十個要點

恭喜你！你在本書中展開的探索之旅即將進入尾聲，這表明你是真心投入了解自己的過程，不遺餘力地提升自我和心理健康。你的表現非常好，別忘了慶祝並獎勵自己的進步和堅持。

毫無疑問，你已經透過本書對自己和心理治療有了透徹了解。我希望你能在書中劃上重點並摺角做記號，以便日後重溫或與所愛的人分享。

為了讓你更容易記住重點，以下是本書十大祕訣，以

肯定句的形式寫成。何不寫下你最喜歡的一句，貼在牆上，鼓勵自己永遠把自我和心理健康放在第一位？

1. 談論治療是好事

不是每個人都能獲得專業協助，但各行各業或各階層的人都能透過找心理治療師看診而獲益。有些人有固定的心理治療師，每週就診一次；有些人在稍微不如意時會找某個固定對象傾訴；還有許多人正在考慮接受治療，但還沒有找到適合的治療師，或是經濟能力不允許。

無論是找心理治療師看診、把這件事告訴身邊的人，或者僅僅與值得信賴的知己談論心理健康（如果我們選擇這樣做的話），這些做法都沒有錯。事實上，這表明我們致力於成為最好、最快樂的人。這個社會對心理健康議題的談論越多，我們就會變得越好。

2. 每個人的生活都有高低起伏

生活不會永遠充滿陽光和彩虹，我們可能會遭遇不可控因素，導致日子不順心，比如失去某個人事物或陷入悲傷、荷爾蒙變化（尤其是女性）、別人說的話、考試成績出乎意料地低、罹病甚至是天氣。偶爾需要一點協助來度過人生的低潮無妨，提供援助的對象可以是朋友、家人、

心理治療師，甚至是與寵物共度美好時光。只要相信這只是暫時的，快樂很快會再度降臨。也請記住，沒有人能夠凡事都想通，幸福的首要祕訣就是接受這一點。

3. 我腦中的想法不等於我這個人

在我們最意想不到時，侵入性想法會突然出現在腦海中，但並不意味著它們是真實的。記住，我們都會有一些可怕或令人有點不舒服的想法，但不需要對它們採取行動。當腦海浮現令人作嘔的侵入性想法，可以引領思緒回到當下，做一些有助於把事實和感覺區分開來的練習。世上沒有永恆不變的心理狀態，記住「這件事也會過去」這句話，可以幫助我們度過難關。

4. 幸福源於積極投入生活

研究表明，透過社交活動與群體連結的人比離群索居的人更快樂。[1]工作、學業、家庭責任和其他外界因素占用了大量時間，難免讓人覺得積極參與活動似乎只是在待辦事項清單上又多了一項。

克服這種念頭的最好辦法就是讓自己愛上與人連結，找到一種投入生活的方式，提供看得見的實質回報與成就感。這可以是照顧寵物並帶牠外出散步，種植和打理菜園，

在本地的慈善二手店或學校食堂擔任志工，積極參與朋友間的活動，比如邀他們一起去買生活用品、在戶外讀書或親手創造一些東西（建造小木屋，修理汽車或摩托車，完成著色畫或拼圖）。積極投入生活的機會無窮無盡，現在就想一想，今天你能做什麼來激發一點快樂？

5. 我會繼續檢查自己的狀態

誠如前面第 2 點提到，生活不會總是一帆風順。有時候，我們可能會在「了解自己」幾個月後感覺非常好，突然間又變得有點力不從心。

發生這種情況時，要記得檢查一下自己，問問自己是否遵循了學會的所有技巧和祕訣來調節情緒、獲取幸福感並按照自己的價值觀生活。如果你喜歡下決心和定目標，不妨設定每月第一天自我檢查，可以確保這個重要行動成為一種儀式。何不現在就開啟手機的日曆功能並設置提醒？

6. 我會把注意力放在可控事項上

如果放任不管，外部觸發因素就會影響我們的情緒。當我們了解負面的外部觸發因素不在自己的控制範圍內，就可以輕易將它們拋開，把注意力轉移到可控事項上。

遇到困擾時，不妨畫一個圓圈（約咖啡杯底大小），

外面再畫一個更大的圓圈（更好的做法是複製第 2 章的範本）。在小圓圈內寫下你能控制的事，例如「我的反應」、「我和誰在一起」、「我幾點睡覺」、「我花多少時間滑手機」等。在大圓圈中寫下你無法控制的事，例如「人們對我的評價」、「其他人的社群貼文」、「天氣」等。

現在，把你的注意力移到內圈，你越少去想無法控制的事（外圈），它們就會變得越不重要。試著不去擔心人生的變數，生活中的高低起伏其實是最棒的體驗！一步一步慢慢前進，一時一刻細細品味，把大目標細分為許多小目標，以防壓力過大吃不消（和出現失控感）。

7. 心理福祉是第一要務

拋開其他一切，你的首要任務是什麼？如果是追求幸福美滿的人生，那麼目標就是讓心理健康達到最佳狀態，任何無助於實現這個目標的事都應該靠後。

為了養成優先考慮心理福祉的習慣，每當我們打算行動、說話、購買或嘗試時，都應該問自己：「這能協助我打造想要的生活嗎？」如果答案是「不能」，或者內心深處隱隱覺得不對，那就應該重新考慮。透過不斷練習這個技巧，優先考量心理福祉將成為我們的第二天性，我們將在生活的大部分領域感受到它的益處。

8. 我會相信自己的直覺

　　人需要做決定時常會出現直覺，這是一種基於神經科學的直觀感受。[2] 你看，英文中的「相信腸子」就是相信直覺，它是幫助我們辨別對錯的內在指南針。在心理福祉方面，「直覺」可以協助我們處理訊息並做出決定。重要的是，直覺不僅僅是肚子裡的感覺。當你覺得「不對勁」時，可能會表現為身體刺痛、手心出汗、心臟亂跳、噁心欲嘔、肩膀緊繃或牙關緊咬。當正面的「直覺」浮現，我們可能會有片刻清晰感，好像憋了很久的一口氣終於可以用力呼出來，或是在做出決定後感到一波平靜襲來。學會注意自己的身心連結是很好的心理治療技巧。

9. 我值得被愛

　　每個人都有值得被愛的地方，你也不例外。你可能是許多人的益友，籃球隊的明星球員，職場的重要貢獻者。但值得被愛跟我們的天賦才能和良好品格沒有多大關係，它是與生俱來的，不應該把它當作需要努力贏取或依靠別人才能得到的東西。

　　我們可能會因為童年經歷產生自我懷疑，或是因為成年後的經歷動搖了自信，因而懷疑自己到底有哪些地方值得被愛。然而，學會愛自己，包括透過本書的技巧提升自

尊，可以幫助我們變得更自信和強大。

10. 我會找到適合的心理治療師

在找到適合的那一位心理治療師之前，我們可能會在多達 9 位治療師之間來回看診，這個過程需要花費一段時間。這也無妨，適合的心理治療師會與我們建立良好關係，我們也會樂意與對方分享感受，並且知道他們可以幫助我們增進心理福祉。

如果目前的治療師不適合，可以果斷跟對方「分手」，也可以詢問朋友或上 Google 查詢如何找到更適合的心理治療師來協助我們（更詳細的提示請參閱下一章）。如果我們現在沒有能力找心理治療師看診，也可以向信任的人尋求協助。願意跟別人談一談自己的心理健康狀況，總比一直悶在心裡好得多。

現在你已經了解讓自己更快樂、更健康的十大秘訣。你的感覺如何？

自尊心評估表
☹ ② ③ ④ ⑤ ⑥ ⑦ ⑧ ⑨ ☺

Chapter 17

尋求專業協助

如何找到適合你的心理治療師

現在你已經了解治療對保護和滋養心理健康的作用，你可能希望向當地的合格心理治療師尋求專業協助，以接受更深入且個人專屬的治療。與心理治療師合作，我們可以獲得量身打造的專業指導，藉以釐清、挑戰和解決我們的無益思想、情緒和行為，進而擺脫心理困擾。

但我們該從哪裡下手才能找到適合的專業人士？如果你正在尋找私人心理治療師，以下為你提供一些有用的祕訣。

開始搜尋

有幾種尋找心理治療師的絕佳資源，以下這 3 項是很好的開始：

1. 搜尋引擎：老牌好用搜尋引擎 Google 可以幫你找到附近的心理治療師。輸入「我附近的諮商心理師」或「我附近的心理治療師」開始搜尋，也可以根據你的需求添加其他檢索條件（如「女性」、「黎巴嫩人」、「基督徒」、「性別多元化群體」），尋找志同道合的人。請注意，費用、性別和付款方式不一定會列在心理治療師的網頁中，這時就需要你主動詢問（詳見下一節）。

2. 今日心理學（Psychology Today: psychologytoday. com/au）：今日心理學網站是澳洲和世界各地經過審核的心理治療師線上資料庫，你可以根據搜索條件篩選，如地點、興趣或擅長治療領域（憂鬱、焦慮、成癮等）、付款方式（包括醫療保險）、療法（藝術治療、認知行為療法、接納與承諾療法等）、心理治療師的性別、年齡、每次治療的價格等等。除了擁有全球心理治療師的資料庫，今日心理學網站還蒐羅了同名雜誌的大量文章，由特定領域專家撰寫，涉及的主題包括人際關係、動機、記憶、疲乏等。*

---

* 台灣的機構和網站詳見附錄。

3. **朋友和家人**：這個方法有點不合常理，尤其是若你不習慣與最親近的人談論感受或心理健康。然而，不妨這樣想，也許某個朋友可以為你推薦心理治療師，既然你和朋友平時相處融洽，那麼很可能也會和對方的心理治療師相處融洽。你擔心他們會對朋友洩露你的治療內容？主管機關會在道德上要求心理治療師不得向任何人透露客戶的治療內容。

但也有例外的情況，如果你是由心理治療師現在或過去的病患介紹來的，最好把這一點告訴心理治療師，以便他們判斷雙方在未來的治療中能不能自在相處。如果任何一方感到不自在，他們通常都有志同道合的同業人脈，可以將你轉介過去。

你可以使用上述方法找到最適合你的心理治療師。在尋找之前，考慮一下各方面需求會有幫助。也許你想找和自己性別認同一致的治療師，或是對方的診所離你的工作地點較近，下班回家時可以順路過去。或者你想要的是文化背景相同，以便對方理解你的獨特差異。還是你希望對方的專業領域與你所關注的一樣（身體形象、壓力、人際關係等）。運用關鍵字篩選並設定檢索條件以縮小選擇範圍，接下來你只需要填寫簡單的網路表格、發送電子郵件

或撥打電話，就可以獲知更多訊息，並確認他們有沒有空檔為新客戶提供服務。

詢問心理治療師有沒有空檔

由於心理治療師定期為客戶看診，因此往往無法增加新客戶。你可能需要多連絡候選名單上的人選，以便找到既符合需求又有空檔的理想對象。

以下是好用的電子郵件範本，當你詢問心理治療師是否有空檔時，可以按照這些建議去做。

嗨，塔米，	打招呼！
我正因極度龐大的壓力想要尋求協助，我無法應對職場的難關，會因為一點小事就哭。	列出你尋求協助的原因，有助於心理治療師判斷能不能幫上忙。
你目前可以增加新客戶嗎？我住在 XXX，每週三下午 2 點至 5 點或週五上午 10 點至下午 1 點可以與你見面。	讓心理治療師知道你離他們的診間不遠，以及你什麼時候可以拜訪他們，以便他們查看日程表的這些時段有沒有空。
或者，如果上述預約時間沒空，我也願意接受遠距視訊治療。	說明你是否願意接受遠距治療，因為某些心理治療師也提供這個選項。
你可以撥打 0412345678 聯絡我，也可以透過電子郵件回覆。	給對方兩種連絡方式，有時心理治療師會在兩次治療之間發送電子郵件、打電話甚至傳簡訊。
謝謝你， 珍·史密斯	說再見！

如果心理治療師沒有時間增加新客戶，通常會將你推薦給同一體系或同一地區的其他心理治療師。

決定哪位心理治療師適合你

你不一定能在首次嘗試時就找到適合的心理治療師，根據我自己的經驗，當初花了一段時間才找到適合的人選。我曾經找男性心理治療師看診，但總覺得女性方面的問題無解；我也很難在華麗的診間對心理治療師談論焦慮；其他人則收費昂貴，我當時的收入根本負擔不起。在尋找和接觸可列入候選名單的心理治療師時，牢記自己的需求有助於避開那些不適合的人選。

無論是運動、飲食還是治療，遵守規定和持續進行是確保追求福祉順利成功的最佳方法。這意味著要定期看診，遵守既定的時間表，並努力「了解自己」。而如果心理治療師不適合你，你也不會願意做這些事！

在決定接受某位心理治療師診療時，最重要的是**你**覺得自在。大多數心理治療師都會提供一次體驗，看看雙方是否對彼此合作感覺良好。這次體驗治療通常不收費，沒有任何責任歸屬，只需要打一通 10 ～ 15 分鐘電話，他們會大致解說服務項目（採用哪種療法、執業年資、客戶類型和擅長解決的問題等），你也要稍微透露自己的狀況以

及尋求協助的原因。提出一些問題後，你可以自行決定要不要預約第一次治療，或者先考慮一下，以後再預約，或者根本不打算預約。

如果這通體驗電話給你不太好的感覺，使你打消預約的念頭，也不要因此就停止尋找。還有很多很棒的心理治療師，一定可以找到適合你的，我保證！

向心理治療師提問

當你和某個陌生人閒聊，15 分鐘聽起來很長，其實很快就過去了。事先列出想要在電話中向候選心理治療師提出的問題，有助於雙方鎖定重點對談，並確保你在掛斷電話後能做出明智決定。

以下列出範例以及問這些問題的原因。

你看診的日期和時間是？

確定他們的空檔是否符合你的需求。

除了面對面晤談，你也提供遠距視訊看診嗎？

如果你身體不適且無法親自到場，有另一個選擇也不錯。許多心理治療師於 2020 年開始提供遠距診療，也將持續這項服務。

你自己也會接受心理治療嗎？

雖然不是雙方合作的關鍵條件，但自己也會接受治療的心理治療師會盡力完成工作，這一直都是很好的判斷依據。

你接受過哪些訓練？

關於對方聲稱自己擅長的治療領域，只要問這個問題就能幫助你了解他們在這些領域有沒有經驗，以及他們是否掌握最新療法。

請注意，大多數產業組織都有持續專業培養（CPD）要求，以確保成員終生學習。

你採用哪一種療法？

當你和他們合作，要了解你可能會接觸到哪種治療和活動。

你是哪些機構的成員？

澳洲心理治療師都應加入產業組織，有助於追蹤他們的持續專業培養和督導（類似指導新生代）時間。這些組織包括澳洲心理治療與諮商聯合會、澳洲諮商協會、澳洲心理學會（Australian Psychological Society, APS）、澳洲心理學認證委員會（Australian Psychology Accreditation Council, APAC）等。

另外，你的治療師也可能是專業領域相關組織的成員。

你對性別多元化群體／基督教／黑人友好嗎？

雖然心理治療師的工作是避免任何批判，以無條件的正面態度接納所有客戶，但若他們與你擁有相同價值觀或文化背景，你可能會感到更自在。提出這個問題可以確保你放心說出自己的情況。

你的診療費是多少？取消規定是什麼？

社會上對心理治療師的需求很大，因此他們必須制定收費標準和取消規定，以便充分利用時間。不妨詢問治療師的收費標準和取消規定，以便你確認可以持續找對方看診。

取消規定舉例如下：如果你在預約就診時段的 48 小時前取消，收取 50% 費用；在 48 小時內取消，或者逾時未到或遲到 10 分鐘以上，收取 100% 費用。

你如何保存客戶記錄？

你在治療中透露的訊息通常非常敏感。治療師會做筆記，以確保接續上一次的治療進度，並追蹤你的想法、感受和行為模式，以便你在長期治療中獲得良好成效。因此，你有權了解他們如何管理客戶資料。

上鎖的文件櫃、數位加密的資料夾和安全伺服器通常都是保存客戶記錄的安全區域。然而，治療師對這個問題是否提出令人滿意的回答，仍須由你自行判斷。

我怎麼知道我們適不適合？你如何知道我們有沒有一起進步？

提出這類問題可以促使治療師談談他們如何確認客戶的情況有沒有進展。他們可能會說自己喜歡定期確認客戶對目前的進展是否滿意，或者可能會給你一份保密的（化名）文件，描述他們和以前的客戶不夠「合拍」，因此雙方決定結束合作關係。

無論治療師回答了什麼，務必問自己同樣的問題：你要如何確認他們是否適合自己以及療效是否值得你花這筆錢？

與心理治療師「分手」

第一次電話諮詢後覺得不適合，因而決定不預約療程，這很合理。即使你已經定期接受治療，哪天你覺得心理治療師已經無法幫助你，也可以更換他們。

心理治療是針對個人設計的療程，你可能會覺得自己與心理治療師之間有一種特殊關係，因而擔心一旦你提出「分手」，想要終止治療關係，他們可能會很在意。記住，

心理治療師是專業人士，如果已經執業一段時間，你很可能不是第一個要求停止治療的客戶。心理治療師總是希望客戶能全心投入療程，所以當你的感覺出現變化，他們可能會很樂意讓你去找更能幫助你的人。

你應該躲著他們，不預約下一次看診嗎？不應該。當你為了心理健康百般努力，心理治療師也一樣。不妨以電子郵件或電話溝通，甚至在最後一次治療結束時提出你想要結束雙方的治療關係，讓他們有機會詢問原因，並為未來的客戶改進服務。當然，你沒有非這麼做不可的義務，但他們一定會感激你。

> 很多朋友沒有錢或時間找專業人士諮詢心理健康，也有很多朋友得不到父母的支持，並認為自己的心理健康問題（如焦慮和憂鬱）沒有那麼嚴重。找心理治療師看看會是很好的第一步。
>
> 珍，24 歲
> 澳洲西部珀斯市

籌措治療費用

治療費用可能會很昂貴（這也是你捧著這本書的原因！）但這對你來說是很值得的投資。可以把它想像成上

健身房、刷牙、與朋友外出或吃營養的食物，你就比較能接受這筆費用。心理治療是一種習慣，幫助你成為最好的自己，最終讓你變得更快樂。

　　儘管如此，你還是可以透過一些方法籌措治療費用，更易於你面對這件事。以下是一些祕訣。

1. 考量是否有必要每週治療一次，或是延長到兩週一次，甚至每月一次。人難免遭遇危機，可能需要更頻繁接受定期治療，但你完全可以放心告訴心理治療師，你想要改變療程安排，拉開兩次療程的間隔時間。

2. 向家醫科醫師諮詢心理健康治療計畫 *。這是為正在心理狀況中苦苦掙扎的人制定的協助計畫，家醫科醫師會要求你填寫一份問卷，記錄你最近幾天的感受。如果他們認為你需要額外協助，會與你一起制定心理健康治療計畫，通常包括將你轉介給心理治療師。這項計畫可讓你報銷每年最多 10 次心理健康專業人士的部分治療費用。[1]

3. 利用學校、大學、職場或社區提供的協助。
   * 許多高中都設有諮商心理師、牧師或心理學家，他們

---

* 譯註：在台灣可向醫師諮詢健保給付規定。

可以提供安全的傾訴場所，也可以將你和（或）你的家人轉介給外部專業人士。

- 許多大學也為學生提供免費心理治療，或為校友提供部分費用減免的治療，請搜尋大學網站或找學生會諮詢，了解更多訊息。

- 員工援助計畫（Employee Assistance Program, EAP）是自願性保密服務，許多企業都會協助員工解決可能影響工作表現的職場和（或）個人問題。請向人事部或主管查詢，了解公司是否有相關計畫。

- 社區團體有時會提供課程和（或）資源來協助民眾提升心理健康，特別是針對那些較為脆弱的成員。*

---

* 台灣的相關資訊見附錄。

思緒的安全空間

人心是美麗的事物，寫下內心想法可以揭露你在乎和希望的是什麼，甚至可以幫你實現計畫，將想法付諸行動。

然而，有時候這些念頭可能會讓你吃不消。我們越反覆思考那些負面想法，就會越覺得它們是「實情」或「真的」，即使事實並非如此。你可以在侵入性想法造成傷害之前阻止它們繼續循環，方法是將它們從腦海中移出，然後寫在紙上，這樣你就可以從不同的角度來理解它們。

閱讀本書時，你可以用後面的頁面記下想法、條列清單或草擬塗鴉。你永遠不知道會發現什麼傾向和模式。

NOTE

_____

_____

_____

_____

_____

_____

_____

_____

_____

_____

_____

自尊心評估表

☹ 2 3 4 5 6 7 8 9 ☺

NOTE

自尊心評估表

☹ ② ③ ④ ⑤ ⑥ ⑦ ⑧ ⑨ ☺

NOTE

_____

_____

_____

_____

_____

_____

_____

_____

_____

_____

_____

自尊心評估表

NOTE

自尊心評估表

NOTE

自尊心評估表

☹ 2 3 4 5 6 7 8 9 ☺

NOTE

NOTE

_____

_____

_____

_____

_____

_____

_____

_____

_____

_____

_____

_____

自尊心評估表

☹ 2 3 4 5 6 7 8 9 ☺

NOTE

自尊心評估表

☹ 2 3 4 5 6 7 8 9 ☺

NOTE

_____

_____

_____

_____

_____

_____

_____

_____

_____

_____

_____

_____

自尊心評估表

☹ 2 3 4 5 6 7 8 9 ☺

NOTE

自尊心評估表

🙁 2 3 4 5 6 7 8 9 🙂

術語表

透過這份心理治療常見術語表來提升你的健康素養

- **虐待（Abuse）**：在生理、心理或情緒方面對人殘忍和暴力相待。
- **物質濫用（Abuse of substances）**：不適當地使用某些東西，如藥物、毒品或酒精，也稱為**物質使用**。
- **成癮症（Addiction）**：服用、攝取或吸食有害物質（藥物、毒品、酒精）並且無法停止的症狀。
- **矛盾心理（Ambivalence）**：一個人內心存在兩種相反的想法、態度或情緒，改變的意願偏低。
- **焦慮（Anxiety）**：一種慢性、複雜的情緒狀態，以憂慮或恐懼為最主要成分；是各種神經和心理疾病的特徵。
- **行為（Behaviour）**：人或動物的行動方式。
- **信念（Beliefs）**：一個人接受為真理的觀念。
- **障礙（Blocks）**：阻礙求助者前進的內在情緒和心理限制。
- **界限（Boundaries）**：一個人與他人相處時，為了保護自己的安全和福祉而訂定的明確規則或限制。
- **疲乏（Burnout）**：一種心理、生理和情緒完全枯竭的狀態，通常是由於過度勞累所致。
- **客戶（Client）**：尋求心理治療師協助的人，以前稱為**患者**。
- **認知（Cognition）**：透過思考、經驗和感官獲取知識和理解的心理行動或過程。
- **比較癖（Comparisonitis）**：拿自己的成就與他人的成就來比較的強烈衝動。

- **保密責任（Confidentiality）**：心理治療師對客戶隱私必須負起保密的責任。

- **一致（Congruent）**：真實而完整的人，反面是**不一致**。

- **諮商（Counselling）**：在解決個人或心理問題方面提供專業協助和指導。

- **反移情（Countertransferance）**：心理治療師對客戶的情緒反應和投射，通常受到本身的經驗影響。

- **文化（Culture）**：特定群體的態度、習俗、信仰和行為的集合。

- **憂鬱症（Depression）**：一種情緒障礙，會導致持續的悲傷和失去興趣，另外還有**重度憂鬱症**。

- **《心理障礙診斷與統計手冊》（Diagnostic and Statistical Manual of Mental Disorders）**：醫療保健專業人士使用的手冊，是診斷心理障礙的權威指南，也稱為 **DSM-5-TR**。

- **同溫層效應（Echo chamber）**：人處在一種環境中，接觸到的全是反映並強化自身訊息或觀點的東西。

- **情緒（Emotion）**：一種有意識的心理反應，主觀體驗為強烈的感覺，通常針對某一特定人事物，伴隨生理和行為變化。

- **情緒調節（Emotional regulation）**：識別、理解和平衡自身情緒的能力，為了維持個體正常功能、實現目標和增進人際關係，針對被觸發的情緒進行複雜的內在整理。

- **同理心（Empathy）**：理解和感受他人情緒的能力。

- **外化（Externalise）**：賦予情緒或問題外部存在或形式，常用於**敘事療法**。

- **感受（Feelings）**：情緒狀態或反應。

- **心流（Flow）**：整個人「完全投入」，這是一種心理狀態，人完全沉浸在熱情而專注的感覺中，全心投入並享受活動。

- **悲傷（Grief）**：強烈的傷心，尤其是由某人的死亡或其他損失引起

的情緒。

- **健康素養（Health literacy）**：獲取、理解和使用健康資訊，以促進個人健康。
- **享樂跑步機（Hedonic treadmill）**：心理學術語，泛指人的一種傾向，對自己的成功永遠不會感到真正的快樂，總是在追求一次又一次的歡愉，不接受「快樂」的真諦。
- **荷爾蒙（Hormone）**：生物體內產生的調節物質，透過血液等組織液刺激特定細胞或組織發揮作用。
- **知情同意（Informed consent）**：同意接受治療，並充分了解治療的好處和可能的結果。
- **整合療法（Integrated）**：將不同療法統合在一起。
- **人際關係（Interpersonal）**：人與人之間的關係或交流。
- **凱斯勒心理壓力量表（Kessler Psychological Distress Scale）**：一種簡單的心理壓力測量方法，又稱為 **K10**。
- **意義形成（Meaning making）**：理解一個人如何存在以及如何與世界建立連結的行動或過程。
- **心理（Mental）**：與心智和心智失調相關。
- **心理障礙（Mental disorder）**：在認知、情緒調節或行為方面出現臨床上嚴重的障礙。
- **心理健康（Mental health）**：一個人的心理和情緒福祉。
- **心理健康治療計畫（Mental Health Treatment Plan）**：由醫師為有心理障礙的人制定的計畫，提出治療目標的概要，也稱為**心理保健計畫**。
- **心理疾病（Mental illness）**：導致一個人行為或思想出現嚴重障礙的病症。
- **心理福祉（Mental wellness）**：一種內心平衡、與他人連結且隨時準備迎接挑戰的感覺。

- **正念（Mindfulness）**：一種心理狀態，泛指意識專注於當下，同時平靜地承認並接受內心感受、想法和身體感覺。
- **情緒障礙（Mood disorder）**：一種心理障礙，泛指患者的總體情緒狀態或心情發生扭曲或與周圍環境不一致，並影響其正常功能。
- **動機式唔談（Motivational interviewing）**：一種治療方法，借鑒個人中心療法和認知行為療法的原則和策略，旨在提高患者願意改變的動力。
- **敘事（Narrative）**：一個人講述關於自己和他人的故事，當中充滿了個人意義。
- **個人中心療法（Person-centred）**：卡爾・羅傑斯提出的療法，強調治療關係以及針對患者所說的話回覆。
- **生理（Physical）**：與身體有關，而非心理；透過感官直接感受有形的事物。
- **創傷後壓力症候群（Post-traumatic stress）**：遭遇嚴重危機後，情緒和心理留下的後遺症。
- **執業人員（Practitioner）**：積極從事治療職業的人；**專業人士**的另一個術語。
- **表徵問題（Presenting problem）**：一個人尋求心理治療師幫助的最初原因。
- **精神病學（Psychiatry）**：研究、診斷和治療心理疾病的醫學分支。
- **心理學（Psychology）**：對人類心理及其功能的科學研究，尤其是在特定環境下影響行為的功能。
- **心理治療（Psychotherapy）**：用心理學技巧治療心理疾病。
- **和睦（Rapport）**：親密且和諧的關係，相關的人或群體了解彼此的感受或想法，而且溝通順暢。
- **重塑（Reframing）**：一種技能，鼓勵人改變對事件或情況的看法。
- **基模（Schema）**：對經驗進行心理彙整，包括對複雜情況或一系列

刺激進行認知和反應的特定組織方式。

- **自我（Self）**：一個人與他人區別的本質存在，在心理治療中被視為內省的一部分。
- **自尊（Self-esteem）**：一個人對自身價值或能力的信心。
- **單次治療（Session）**：客戶與心理治療師之間的互動，以個人或小組形式進行。
- **陰影探索心法（Shadow work）**：感知自身潛意識某個方面的過程。
- **社會（Society）**：在特定群居系統中共同生活的一群人，或被視為同一個群體的人。
- **蘇格拉底提問（Socratic questioning）**：兩個或兩個以上的人進行嚴謹而深思熟慮的對話。
- **軀體（Somatic）**：與身體有關，有別於心理。
- **選擇性血清素再吸收抑制劑（Selective serotonin reuptake inhibitor）**：常見的抗憂鬱藥物，可抑制神經元對血清素的再吸收，增加血清素做為神經傳導物質的可用性。
- **污名化（Stigma）**：與特定情況、特質或個人相關的恥辱標誌。
- **物質（Substances）**：非法藥物、處方藥或非處方藥與酒。
- **物質使用障礙（Substance use disorder）**：不顧有害後果，無節制地使用物質的障礙。
- **自殺（Suicide）**：結束自身生命的行動。
- **談話療法（Talk therapy）**：採用討論、傾聽和諮詢等方法治療心理、情緒、人格和行為障礙。
- **治療（Therapy）**：透過語言交流和互動治療心理疾病。
- **念頭（Thought）**：透過思考產生或在腦中突然出現的想法或觀點。
- **移情（Transference）**：客戶對心理治療師表現出來的言行就像是將對方當做生命中的重要人物，通常是父親或母親。
- **創傷（Trauma）**：令人深感痛苦或不安的經歷；一個人經歷痛苦事

件後產生的長期情緒反應。

- **觸發因素（Trigger）**：情緒反應的成因，通常源於外界。
- **價值觀（Values）**：一個人認為重要的人生原則或行為標準，用以指導決策和行為。
- **福祉（Wellbeing）**：舒適、健康或快樂的狀態。
- **身心容納之窗（Window of tolerance）**：一個人無論處在何種外在環境中，最能茁壯成長的空間。

謝詞

　　本書問世要歸功於我和客戶、朋友及同事進行的無數次談話，我們曾經針對照護自己的心理健康需要付出多少財務和情緒成本而交流。本書是為這些人而寫，同時也是為讀者而寫，希望它對你有用，哪怕只是微不足道的幫助。

　　感謝每一位客戶及撰稿人與我分享人生經歷，希望我沒有辜負你們的慷慨。

　　感謝為本書貢獻心力的專家，也謝謝同業（尤其是SHRNKS 團隊和奧克德尼之家基金會團隊），感謝你們在各自的心理健康領域所做的貢獻，世界需要更多像你們這樣的人。

　　我親愛的朋友莎拉・阿尤布（Sarah Ayoub）博士，因為妳的推動和啟發，我萌生了撰寫本書的想法。透過我們多次在 WhatsApp 的交流，這個想法越演越烈。你是我的頭號擁護者，妳對我的教導令我感激不盡。

　　此外，我也要感謝 PB，你寄來的郵件開啟了撰寫本書的旅程。這一切來得太快，你的引薦讓我夢想成真，在

此獻上我的無限感激。

感謝科斯特（Kirst），從「以酒會書友」到你對出版業的全面了解，自從 2012 年我們有緣同坐以來，你一直是我在出版方面的先知，感謝你的付出。

感謝艾瑪・諾蘭（Emma Nolan）、麗茲・金（Lizzie King）、波利・西蒙斯（Polly Simons）、凱利・詹金斯（Kelly Jenkins）、安娜・奧格雷迪（Anna O'Grady）以及整個西蒙舒斯特（Simon & Schuster）澳洲團隊，你們的指導讓我和讀者看到本書問世。還要感謝編輯艾瑪・德萊弗（Emma Driver）和封面設計師艾麗莎・迪納洛（Alissa Dinallo），我們一同締造了偉大的成就，很高興你們能加入我的團隊。

感謝所有朋友的閒聊為本書提供問世契機，包括艾倫（Allan）、安迪（Andie）、卡利斯（Caris）、克莉絲蒂－李（Christie-Lee）、安（Em）、弗洛（Fro）、傑德（Jayde）、傑斯（Jess）、凱特（Kate）、KC、萊克斯（Lex）、蔓蒂（Mandy）、麥蒂（Matty）、梅爾（Mel）、波契（Portch）、薩西（Sash）、薩爾（Sar）、薩朵（Sazzle）、席歐班（Siobhan）、索夫（Sophs）、桑夏（Sumshine）、泰茲（Tazzie）、湯姆（Tom）等。我非常感謝生命中有你們相伴。

感謝艾吉斯（Ags）、麥克（Mike）和所有 DECstars 成員的協助。自從有了你們，我才能創建「貝爾治療」（BARE Therapy）並撰寫這本書。能和你們一起在邦德街（Bond Street）10 號找到一個家，我感到非常幸運。現在，我們一起歡慶吧！

　　感謝我的家人，無論是直系親屬還是旁系親屬，感謝你們塑造了現在的我。

　　特別要感謝塔拉（Tara）和梅爾（Mel），還有我的心理治療師 MJ。你們的建議、指導和治療不斷幫助我成長為專業人士，我不知道該如何報答你們多年來的心意，這個行業有你們真是太幸運了。

　　在此還要感謝一些人，他們為我和澳洲聽眾提供探討心理健康的文字空間，尤其是艾曼達（Amanda）、瓦倫蒂娜（Valentina）、桑吉塔（Sangeeta）、尼克（Nick）和史考特（Scott）。

　　撰寫心理健康書籍時，原住民族群是我一定要感謝的對象，特別是達魯格人（Dharug），本書就是在他們的土地上寫成的。原住民和托雷斯海峽群島島民在殖民時期經歷了巨大創傷，在此對他們從古至今的長老們致意，也盼望將這份敬意傳遞給現今所有的原住民和托雷斯海峽群島島民。

最後要感謝我的丈夫保羅（Paul），他在我無數次跌倒時伸出援手，拉了我一把。我愛你，謝謝你犧牲了我們有限的週末相聚時光，讓我可以完成這本書，你和宙斯（Zeus）是我的「5 件快樂的事」當中的首選。

參考資料

Chapter 1　心理治療師登場

1. Therapy costs. (n.d.). Psychotherapy and Counselling Federation of Australia. www.pacfa.org.au/community-resources/therapy-costs; *How much does seeing a psychologist cost?* (2023). Australian Psychological Society. psychology.org.au/psychology/about-psychology/what-it-costs

2. *Low cost or free mental health services.* (2022). Healthdirect Australia. www.healthdirect.gov.au/low-cost-or-free-mental-health-services

Chapter 2　為什麼我覺得心情壞透了？

1. Maslow, A.H. (1954). *Motivation and personality.* Harper & Row Publishers.

2. NSW Health and NSW Department of Customer Service. (2023, July 26). *Long COVID.* NSW Government. www.nsw.gov.au/covid-19/testing-managing/long-covid

3. *Job mobility.* (2023, June 30). Australian Bureau of Statistics. www.abs.gov.au/statistics/labour/jobs/job-mobility/latest-release

4. *Survey results: National study of the impact of climate-fuelled disasters on the mental health of Australians.* (2023, January 19). Climate Council. www.climatecouncil.org.au/resources/survey-

results-climate-disasters-mental-health/

5. *Survey results: National study of the impact of climate-fuelled disasters.*

6. *Oxytocin: The love hormone.* (2023, June 13). Harvard Health. www. health.harvard.edu/mind-and-mood/oxytocin-the-love-hormone; Watson, S. (2021,July 20). *Dopamine: The pathway to pleasure.* Harvard Health. www.health.harvard.edu/mind-and-mood/dopamine-the-pathway-to-pleasure

7. Tucker, A., & Sgobba, C. (2021, November 1). *How to find relief if your muscles are sore after a workout.* SELF. www.self.com/story/how-dealpost- workout-muscle-soreness-really-painful

8. Beck, D., & Beck, J. (1987). *The pleasure connection. Synthesis Press.*

Chapter 3　Google 醫生和社群診斷可靠嗎？

1. Haltigan, J.D., Pringsheim, T.M., & Rajkumar, G. (2023). Social media as an incubator of personality and behavioral psychopathology: Symptom and disorder authenticity or psychosomatic social contagion? *Comprehensive Psychiatry, 121*, 152362. doi.org/10.1016/j.comppsych.2022.152362

2. Perel, E., & Kellaway, L. (2022, September 3). Love re-imagined: Navigating relationships at home, at work, and beyond [Conference session]. FT Weekend Festival, London. www.youtube.com/watch?v=BjdvwbJyyxo.

3. headspace & Colmar Brunton. (2022). *headspace National Youth Mental Health Survey.* headspace; headspace & Colmar Brunton. (2018). Headspace National Youth Mental Health Survey. headspace. headspace.org.au/ assets/headspace-National-Youth-Mental-Health-

Survey-2018.pdf

4. Stuart, H. (2006). Media portrayal of mental illness and its treatments. *CNS Drugs*, 20(2), 99–106. doi.org/10.2165/00023210-200620020-00002

Chapter 4　認知療法、行為療法……到底是什麼鬼？

1. Rogers, C. (1951; 2007). *Client-centered therapy*. Robinson.

2. Gottlieb, L. (2019). *Maybe you should talk to someone: A therapist, her therapist, and our lives revealed*. Houghton Mifflin Harcourt.

3. Mental Health Australia. (2022, May 12). *We must stamp out stigma and discrimination if we are to improve our mental health* [Press release]. mhaustralia.org/media-releases/media-release-we-must-stamp-out-stigma-and-discrimination-if-we-are-improve-our

4. *Mental health care and Medicare*. (2023, June 29). Services Australia. www. servicesaustralia.gov.au/mental-health-care-and-medicare?context=60092

Chapter 7　你好，小朋友

1. Krockow, E.M. (2018, September 7). *How many decisions do we make each day?* Psychology Today. www.psychologytoday.com/au/blog/stretchingtheory/ 201809/how-many-decisions-do-we-make-each-day

2. Bradshaw, J. (1990). *Homecoming: Reclaiming and championing your inner child. Bantam Books*.

3. Berry, W. (2017, February 19). *Raising your inner child.* Psychology Today. www.psychologytoday.com/au/blog/the-second-noble-truth/201702/raising-your-inner-child

Chapter 8　觀察所有的感覺與情緒

1. Breit, S., Kupferberg, A., Rogler, G., & Hasler, G. (2018).
   *Vagus nerve as modulator of the brain–gut axis in psychiatric
   and inflammatory disorders*. Frontiers in Psychiatry, 9, 44. doi.
   org/10.3389/fpsyt.2018.00044

Chapter 9　人與人之間的重要連結

1. Levinger, G. (1980). Toward the analysis of close relationships.
   Journal of Experimental Social Psychology, 16(6), 510–544. doi.
   org/10.1016/0022-1031(80)90056-6

2. Kaur, S. (2023, August 21). Posted in my Mazda, hopefully will
   record in a Urus one day [Instagram post]. *Girls That Invest*. www.
   instagram.com/p/CwJjN5GoAe7/

3. Otten, C. (2021). *The Sex Ed You Never Had*. Allen & Unwin, p. 235.

4. Brennan, K.A., Clark, C.L., & Shaver, P.R. (1998). 'Self-report
   measurement of adult attachment: An integrative overview', in
   J.A. Simpson & W.S. Rholes (Eds.), *Attachment theory and close
   relationships* (pp. 46–76). The Guilford Press.

5. Couper, E. (2023, July 17). 'Nearly half of Aussies' sex lives
   impacted by cost of living crisis', *The Australian*. www.theaustralian.
   com.au/news/latest-news/nearly-half-of-aussies-sex-lives-impacted-
   by-cost-of-living-crisis/news-story/b8731b89dbcabd54969c14998ea
   3d1d7

6. Kerr, M., & Bowen, M. (1988). *Family evaluation: An approach
   based on Bowen theory*. Norton.

Chapter 10　保護自己

1. Bourne, E.J. (2010). *The anxiety and phobia workbook* (5th ed.).

New Harbinger Publications, p. 295.

2. *Use Situation-Behavior-Impact (SBI)TM to understand intent.* (2022, December 14). Center for Creative Leadership. www.ccl.org/articles/ leading-effectively-articles/closing-the-gap-between-intent-vs-impact-sbii/

Chapter 11　釋放你的無限創意

1. Fancourt, D., & Finn, S. (2019). *What is the evidence on the role of the arts in improving health and well-being? A scoping review.* World Health Organization. apps.who.int/iris/bitstream/hand le/10665/329834/9789289054553-eng.pdf

2. Fancourt & Finn, p. 3.

3. Hoicka, E. (2017, January 12). Five ways to make your child a creative genius. *The Conversation.* theconversation.com/five-ways-to-make-your-child-a-creative-genius-71170

4. Kotler, S. (2014, February 25). *Flow states and creativity: Can you train people to be more creative?* Psychology Today. www. psychologytoday.com/us/blog/the-playing-field/201402/flow-states-and-creativity

5. Hannemann, B.T. (2006). Creativity with dementia patients: Can creativity and art stimulate dementia patients positively? *Gerontology, 52* (1), 59–65. doi.org/10.1159/000089827

6. Cohut, M. (2018, February 16). *What are the health benefits of being creative?* Medical News Today. www.medicalnewstoday.com/ articles/320947

7. Kaimal, G. (2019). Adaptive Response Theory: An evolutionary framework for clinical research in art therapy. *Art Therapy, 36*(4), 215–219. doi.org/10. 1080/07421656.2019.1667670

8. IBM Global Business Services. (2010). *Capitalizing on complexity: Insights from the global chief executive officer study.* www.ibm.com/downloads/cas/XAO0ANPL

9. McGorry, P. (2020). Statement from Prof. Patrick McGorry, *Professor of Youth Mental Health at the University of Melbourne and Director of Orygen Youth Health Research Centre. Activate Arts Therapists: Support for Mental Health.* Submission to ACTivate Arts Therapists campaign petition. https://carlavanlaar.com/wp-content/uploads/2020/08/Prof-Pat-McGorry-statement-120820.pdf

10. White, M. (2007). *Maps of narrative practice.* W.W. Norton.

Chapter 12　忍不住想再來一次……

1. *Substance abuse.* (2023). Healthdirect Australia. www.healthdirect.gov.au/ substance-abuse

2. *Alcohol, tobacco & other drugs in Australia.* (2023, June 30). Australian Institute of Health and Welfare. www.aihw.gov.au/reports/alcohol/alcoholtobacco- other-drugs-australia/contents/about

3. Haber, P.S., Riordan, B.C., Winter, D.T., et al. (2021). New Australian guidelines for the treatment of alcohol problems: An overview of recommendations. *Medical Journal of Australia*, 25(7 Suppl.), S1–S32. doi.org/10.5694/mja2.51254

4. *Alcohol Use Disorders Identification Test (AUDIT).* (n.d.). auditscreen.org/; Humeniuk, R., Henry-Edwards, S., Ali, R., et al. (2010). *The Alcohol, Smoking and Substance Involvement Screening Test (ASSIST): Manual for use in primary care.* World Health Organization. apps.who.int/iris/handle/10665/44320

Chapter 13　擔心不完的「萬一……」

1. *Mental health*: Prevalence and impact of mental illness. (2023). Australian Institute of Health and Welfare. www.aihw.gov.au/mental-health/overview/mental-illness

2. *Generalised anxiety disorder.* (2022). Beyond Blue. https://www.beyondblue.org.au/mental-health/anxiety/types-of-anxiety/gad

3. Gratz, K.L., Tull, M.T., & Wagner, A.W. (2005). 'Applying DBT mindfulness skills to the treatment of clients with anxiety disorders'. In S.M. Orsillo & L. Roemer (Eds.), *Acceptance and mindfulness-based approaches to anxiety* (pp. 147–161). Springer.

4. *COVID-19 pandemic triggers 25% increase in prevalence of anxiety and depression worldwide.* (2022, March 2). World Health Organization. www.who.int/news/item/02-03-2022-covid-19-pandemic-triggers-25-increase-in-prevalence-of-anxiety-and-depression-worldwide

5. Australian Institute of Health and Welfare (2021). *Australia's welfare 2021: Data insights.* www.aihw.gov.au/getmedia/ef5c05ee-1e4a-4b72-a2cd-184c2ea5516e/aihw-aus-236.pdf.aspx

6. Wilkins et al., *The Household, Income and Labour Dynamics in Australia Survey.*

7. Oaklander, M. (2016, August 24). Old people are happier than people in their 20s. *Time.* https://time.com/4464811/aging-happiness-stress-anxiety-depression/; Blanchflower, D.G., & Oswald, A.J. (2007). *Is wellbeing U-shaped over the life cycle?* Working Paper 12935, National Bureau of Economic Research. doi.org/10.3386/w12935

8. Rizmal, Z. (2022, February 20). *Anxiety is rising among Australia's young people, but it's not just due to COVID-19.* ABC News. www.abc.net.au/news/2022-02-20/anxiety-young-people-is-increasing-

across-australia-covid/100829836

9. Cheung, A.S., Thrower, E., Zwickl, S., et al. (2021). The health and wellbeing of transgender Australians: A national community survey. *LGBT Health, 8* (1), 42–49. doi.org/10.1089/lgbt.2020.0178

10. Sandberg, S. (2013). *Lean in: Women, work, and the will to lead.* Random House, p. 126.

Chapter 14　暫時低潮但希望仍在

1. Miller, M. (2022, October 12). WandaVision episode eight's quote about grief has become the show's defining moment. *Esquire.* www.esquire.com/entertainment/tv/a35713623/wandavision-episode-8-grief-quote-explained/

2. *Mental health: Prevalence and impact of mental illness.* (2023). Australian Institute of Health and Welfare. www.aihw.gov.au/mental-health/overview/mental-illness

3. *Anxiety and depression during pregnancy and the postnatal period.* (n.d.). Black Dog Institute. www.blackdoginstitute.org.au/wp-content/uploads/2022/06/Depression-during-pregnancy.pdf

4. Li, Y., Lv, M., Wei, Y., Sun, L., Zhang, J., Zhang, H., & Li, B. (2017). Dietary patterns and depression risk: A meta-analysis. *Psychiatry Research: Neuroimaging, 253*, 373–382. doi.org/10.1016/j.psychres.2017.04.020; Khalid, S., Williams, C. M., & Reynolds, S. (2016). Is there an association between diet and depression in children and adolescents? A systematic review. *British Journal of Nutrition*, 116(12), 2097–2108. doi.org/10.1017/s0007114516004359

5. *Exercise & depression.* (n.d.). Black Dog Institute. www.blackdoginstitute.org.au/wp-content/uploads/2022/06/Exercise-and-depression.pdf

6. Statistics in this section are drawn from *Stats & facts.* (2023). Suicide Prevention Australia. www.suicidepreventionaust.org/news/ statsandfacts; and *Suicide & self-harm monitoring data.* (2023). Australian Institute of Health and Welfare. www.aihw.gov.au/ suicide-self-harm-monitoring/data/suicideself-harm-monitoring-data

7. *Stats and Facts: Suicide Prevention Australia.* (2023, February 21). Suicide Prevention Australia. www.suicidepreventionaust.org/news/ statsandfacts

8. *Suicide and self-harm monitoring data.* (n.d.). Australian Institute of Health and Welfare. www.aihw.gov.au/suicide-self-harm-monitoring/ data/suicide-self-harm-monitoring-data

9. *Suicide and self-harm monitoring data.* Australian Institute of Health and Welfare. www.aihw.gov.au/suicide-self-harm-monitoring/data/ suicide-selfharm- monitoring-data

10. *Suicide among young people.* (2023, September 1). Australian Institute of Health and Welfare. www.aihw.gov.au/suicide-self- harm-monitoring/data/populations-age-groups/suicide-among- young-people

Chapter 16　如果你只讀這一章⋯⋯

1. For example, Cummins, R.A., Mead, R., & the Australian Unity– Deakin University Wellbeing Research Partnership. (2021). *The Australian Unity Wellbeing Index 20th anniversary commemorative edition.* Australian Unity and Deakin University. www.acqol.com.au/ uploads/surveys/20yranniversary-report.pdf

2. *Gut feelings are real, but should you really 'trust your gut'?* (2021, January 27). Healthline. www.healthline.com/health/mental-health/ trust-your-gut

Chapter 17　尋求專業協助

1. *Mental health care and Medicare.* (2023, June 29). Services Australia. www.servicesaustralia.gov.au/mental-health-care-and-medicare?context=60092

中文版附錄 [*]

　　以下是台灣政府與民間心理健康機構的網址或連絡電話，資料蒐集時間為 2024 年 5 月，欲知最新訊息可以上各機構官網或致電查詢。

求助熱線

　　無論你在哪個縣市，只要拿起電話撥打下列號碼，就可以獲得協助。

衛福部安心專線：1925
服務時間：24 小時全年無休。

生命線：1995
服務時間：24 小時全年無休。

張老師：1980
服務時間：星期一至星期六 9 點～ 12 點、14 點～ 17 點、18 點～ 21 點 30 分，星期日 9 點～ 12 點、14 點～ 17 點。

---

* 此單元資訊由譯者彙整提供。

網站

手機應用程式

　　請在手機應用程式下載中搜尋：心情溫度計。該 APP 由社團法人台灣自殺防治協會推廣，基於簡式健康量表（Brief Symptom Rating Scale），具有良好信效度，使用簡易，特別適合迅速了解個人的心理照護需求。

做自己的心理治療師

超過 25 種療癒技術，擺脫情緒內耗，提升自我認同

作者：塔米‧米勒（Tammi Miller）
譯者：蔡心語

總編輯：張國蓮
副總編輯：李文瑜
資深編輯：謝一榮
責任編輯：周大為
美術設計：謝仲青

董事長：李岳能
發行：金尉股份有限公司
地址：新北市板橋區文化路一段 268 號 20 樓之 2
傳真：02-2258-5366
讀者信箱：moneyservice@cmoney.com.tw
網址：money.cmoney.tw
客服 Line@：@m22585366

製版印刷：緯峰印刷股份有限公司
總經銷：聯合發行股份有限公司

初版 1 刷：2024 年 10 月

定價：480 元

國家圖書館出版品預行編目（CIP）資料

做自己的心理治療師：超過25種療癒技術,擺脫情緒內耗,提升自我認同/塔米.米勒
(Tammi Miller)著；蔡心語譯. -- 初版. -- 新北市：金尉股份有限公司, 2024.10
　　面；　公分
　　譯自：Paperback therapy : therapist-approved tools and advice for mastering your
mental health.
　　ISBN 978-626-7549-05-6(平裝)
　　1.CST: 自我肯定 2.CST: 自我實現 3.CST: 生活指導
177.2　　　　　　　　　　　　　　　　　　　　　　　　　113014739

Money錢

Money錢